Erzähl es deinen Kindern
Die Torah in fünf Bänden

Band 1
Bereschit – Am Anfang

Erzähl es deinen Kindern

Die Torah in fünf Bänden

Übertragen von Hanna Liss und Bruno Landthaler
Mit Illustrationen von Darius Gilmont

Band 1

Bereschit – Am Anfang

Ariella Verlag

Gedruckt mit der finanziellen Unterstützung des Zentralrates der Juden in Deutschland.

Für die Kinder aus der Baumweg-Synagoge
in Frankfurt am Main.
Hanna Liss und Bruno Landthaler

In loving memory of my grandparents
Betty and Simon Goldstein, Polly and Michael Goldberg.
Darius Gilmont

In loving memory of my father Arthur Halberstam
and my uncle Avrum Rothenberg.
Myriam A. Halberstam

Inhalt

Begleitwort

Die Haggadah verweist auf vier Kinder – anscheinend unterschiedlichen Alters, Aufnahmevermögens und unterschiedlicher Neugier – und gibt uns auf, jedem von ihnen nach seinen Möglichkeiten und Bedürfnissen die Geschichte vom Auszug aus Ägypten zu erzählen und zu kommentieren. Selbst wenn das Kind nicht von sich aus nach einer Erklärung fragt, sind wir verpflichtet, von uns aus das Thema anzuschneiden und ihm seinen Sinn so gut wie möglich zu vermitteln. Trifft das auf ein, wenn auch epochales, Geschehen in unserer Geschichte zu, wie viel mehr erst, wenn es sich um die Torah handelt, die ja Quelle und Fundament des Judentums ist, wie ein bekanntes Liedchen es auf den Punkt bringt: Das Volk Israel ohne Torah ist wie ein Körper ohne Seele. Man könnte es zuspitzen auf: Das Judentum würde gar nicht existieren.

Die Torah als solches ist kein Kinderbuch, und ihre Erzählungen – wie zum Beispiel über das Paradies, den Turmbau zu Babel oder die Sintflut – sind wahrlich keine »Gute-Nacht«-Vorlesetexte. Und doch sollten wir so früh wie möglich beginnen, unsere Kinder an die Torah heranzuführen: ein ganz schwieriges Unterfangen.

Mit »Erzähl es deinen Kindern« erhalten Kinder, aber besonders ihre Eltern, ein willkommenes Buch an die Hand, um dieses Ziel anzustreben. Es ist begrüßenswert, dass hier nicht krampfhaft versucht wird, unter Zusatz von Legenden, Verniedlichungen und anderen Kunstgriffen den Text der Torah »kindgerecht« zu gestalten, sondern der Text selbst wird so dargeboten, dass er dem Original gerecht wird, aber doch für Kinder zugänglich ist.

Mein Dank und meine Wertschätzung gilt den beiden Autoren und allen, die mit der Veröffentlichung dieses Buches zu tun hatten, und ich gratuliere ihnen zu dem vorliegenden Ergebnis.

Möge diese »Torah für Kinder« viele Kinderherzen beseelen und dazu beitragen, den Glauben, die frühe Geschichte und die Weisungen des Judentums kennen und lieben zu lernen – als ein steter Begleiter in ihrem weiteren Leben.

Landesrabbiner em. Dr. h. c. Henry G. Brandt
Vorsitzender der Allgemeinen Rabbinerkonferenz
Deutschlands
im Februar 2014

Vorwort

Als wir vor etlichen Jahren mit der Vorarbeit für dieses Buch begonnen haben, standen bereits Kinder im Mittelpunkt: zunächst die eigenen, später auch die kleinen Zuhörer aus der Baumweg-Synagoge in Frankfurt am Main. Denn wir wollten die Kinder an der Torah-Lesung in der Synagoge teilhaben und sie wissen lassen: Die Synagoge ist auch ein Platz für euch! Aber das war gar nicht so einfach. Anders als im christlichen Bereich gab (und gibt) es kaum jüdische Kinderbibeln, geschweige denn eine kindgerechte Übertragung der Torah. Die einzige Kinderbibel, die wir im Regal stehen hatten, war die »Bibel für Kinder erzählt«, die Abrascha Stutschinsky im Jahr 1964, also vor genau fünfzig Jahren, verfasst hatte. Aber diese Kinderbibel, das stellten wir sehr früh fest, war wenig geeignet, um sie im Lesezyklus der Synagoge vorzulesen, das heißt von Parascha zu Parascha, von Leseabschnitt zu Leseabschnitt. Also begannen wir, eine eigene Übertragung für die Kinder zu verfassen. Inhaltlich war das nicht so schwierig, da wir hauptberuflich ja ohnehin mit der Bibel und ihrer Auslegung beschäftigt sind. Aber die Torah so zu erzählen, dass Kinder sie tatsächlich verstehen können, das war eine Herausforderung. Und so entstand über viele Jahre hinweg langsam ein Text, von dem wir annehmen können, dass er »kindgerecht« ist, denn unsere wichtigsten Lektor/-innen und Korrektor/-innen waren die Kinder selbst, die uns mit fragenden Blicken oft genug deutlich machten, dass da noch einiges über ihre Köpfe hinweg erzählt und vorgelesen wurde.

Und so können wir endlich mit »Erzähl es deinen Kindern« den jüdischen Familien im deutschsprachigen Raum eine Torah vorlegen, die Kinder ab einem Alter von fünf Jahren verstehen können. Sie ist ebenso zum Vorlesen in der Familie, im Kindergarten oder in der Schule gedacht wie zum Schmökern für kleine Erstleser. Der israelische Künstler Darius Gilmont hat für dieses Buch Illustrationen beigesteuert, die jeweils ein Thema eines Abschnitts farbenfroh und formenreich erschließen.

Der hier vorliegende Band Bereschit (Am Anfang) ist der Auftakt des Gesamtwerks »Erzähl es deinen Kindern«. Vier weitere Bände werden folgen, der zweite wird bereits für die Veröffentlichung vorbereitet. Allen fünf Bänden ist gemeinsam, dass sie zwar in erster Linie zum Vorlesen gedacht sind, dass wir aber Einleitungen und Kommentare beigeben, die an die vorlesenden Erwachsenen beziehungsweise an interessierte Jugendliche adressiert sind. Das soll unserer Beobachtung Rechnung tragen, dass die Kenntnis der biblischen Texte und der Umgang mit ihnen heute nicht mehr selbstverständlich sind. Die Kommentare bieten also allen interessierten Leserinnen und Lesern die Möglichkeit, sich den Text der Torah besser zu erschließen. Wer solcher Hilfen nicht bedarf, kann – aus seinem eigenen Wissensschatz schöpfend – unvermittelt den Kindern mit viel Spaß die Torah vorlesen und erklären.

»Erzähl es deinen Kindern« hat einen langen Entstehungsprozess hinter sich: vom privaten Skript über ein Internetprojekt (www.parascha.de) bis zum hier vorliegenden Buch. Auf dieser Wegstrecke gab es eine Fülle von Helfern, die das Erscheinen überhaupt erst ermöglicht haben: an erster Stelle die Kinder der Baumweg-Synagoge selbst, die Schabbat für Schabbat unseren Lesungen lauschten. Diesen Baumwegkindern schulden wir für ihre Geduld ganz besonderen Dank, und deshalb ist ihnen dieses Buch gewidmet.

Später kamen kritische Stimmen aus dem Internet dazu, die auf Fehler, Wünsche und Verbesserungen hingewiesen und ebenfalls zum Gelingen beigetragen haben. Ihnen und all denen, die uns aufmunternd begleitet haben, sei ganz herzlich gedankt.

Unserer Verlegerin Myriam Halberstam möchten wir von ganzem Herzen danken, dass sie den Mut aufbrachte, ein solch umfangreiches Werk in ihren kleinen Verlag aufzunehmen, und kein Risiko scheute, aus unserer Vorlage ein so ansprechendes und qualitativ hochwertiges Buch zu machen, das mit den wunderschönen Illustrationen von Darius Gilmont zudem eine Augenweide geworden ist.

Nicht zuletzt möchten wir dem Zentralrat der Juden in Deutschland für einen namhaften Druckkostenzuschuss danken, ohne den eine Veröffentlichung mehr als fraglich geworden wäre. Die Unterstützung, die wir durch den Zentralrat erhalten haben, ist ja nicht nur eine finanzielle, sondern auch und vor allem eine ideelle Unterstützung für unser Bestreben, den jüdischen Eltern und Gemeinden endlich wieder eine eigene Torah für Kinder an die Hand zu geben. Des Weiteren bedanken wir uns bei der Allgemeinen Rabbinerkonferenz, dass sie unsere Bemühungen immer ermutigend begleitet hat und dieses Buch ausdrücklich für ihre Gemeinden empfiehlt.

Frankfurt am Main, im Adar II 5774 (März 2014)
Prof. Dr. Hanna Liss und Bruno Landthaler

Hinweise zur Benutzung

Diese Torah für Kinder ist in erster Linie zum Vorlesen gedacht. Da sie aber Kinder verschiedenen Alters im Blick hat, haben wir bei einigen Paraschijot (Leseabschnitten) einzelne Textpassagen *kursiv* gekennzeichnet, die man für die kleinsten Zuhörer überspringen kann. Dabei haben wir darauf geachtet, dass die Anschlüsse passend sind, sodass der Lesefluss nicht beeinträchtigt wird.

Die Informationen zu Beginn jeder Parascha verweisen auf den liturgischen Gebrauch im G'ttesdienst und auf die Haftara, die Prophetenlesung. Dies soll den Kindern bewusst machen, dass die Torah ihren festen Platz in der Synagoge hat. Damit ist es auch möglich, die einzelnen Bände von »Erzähl es deinen Kindern« während der Torah-Lesung in der Synagoge für Kinder zu verwenden.

Die Einleitungen und kommentierenden Texte in den Marginalspalten richten sich an die Erwachsenen. Sie sind auf einer Reflexionsstufe gehalten, die für Kinder in der Regel wenig geeignet ist. Vielmehr sollen sie die Erwachsenen dabei unterstützen, den Text selbst zu reflektieren und verstehen zu lernen. Denn wer (seinen) Kindern vorliest, sollte selbst wissen, was er liest.

Unterstützend dazu können Sie auch auf unserer Internetseite www.parascha.de Erläuterungen und Informationen finden, insbesondere in unserem Parallelprojekt »Junge Torah«. Dieses geht über allgemeine Einleitungen hinaus und enthält auch Kommentare von Raschi, dem wichtigsten mittelalterlichen Bibelkommentator.

Den Beginn einer jeden Parascha haben wir ebenso wie einzelne Textstellen, die für die jüdische Tradition und den G'ttesdienst eine herausragende Rolle spielen, im hebräischen Original wiedergegeben. Das soll nicht nur ein dringlicher Hinweis darauf sein, dass die Torah idealerweise auf Hebräisch zu lesen und diese Übertragung nur ein Hilfsmittel ist, sondern auch einen ersten Einstieg ermöglichen, wichtige Textstellen auf Hebräisch zu lesen beziehungsweise vorzulesen.

Die Zahlenangaben in den Marginalien verweisen auf die Kapitel und Verse im jeweiligen Buch. Da sie in allen Bibeln (jüdischen, katholischen, protestantischen) weitgehend gleich sind, kann man den Text mithilfe dieser Angaben auch in anderen Bibelausgaben leicht auffinden. Weiterhin werden als Marginalien auch Hinweise eingebracht, die auf eine liturgische Verwendung des so gekennzeichneten Textabschnitts verweisen.

Noch ein Wort zur Schreibweise »G'tt«: In traditionellen jüdischen Kreisen ist es üblich geworden, auch die Gattungsbezeichnung »G-o-t-t« in anderen Sprachen als dem Hebräischen nicht ganz auszuschreiben, sondern sie mit »G'tt« abzukürzen. Um »Erzähl es deinen Kindern« für alle offen zu halten und keinen Anstoß zu erregen, haben wir uns dafür entschieden, auf diese traditionelle Besonderheit Rücksicht zu nehmen. Wir haben grundsätzlich darauf geachtet, das hebräische *Elohim* mit »G'tt« wiederzugeben; das Tetragramm, den Namen G'ttes, übersetzen wir in Aufnahme von Moses Mendelssohns *Bi'ur* mit »der Ewige«, eine G'ttesbezeichnung, die in die meisten jüdischen Bibelübersetzungen Eingang gefunden hat.

Auch bei der Schreibung der hebräischen Namen haben wir uns eine Abweichung erlaubt. Grundsätzlich haben wir alle Namen in der hebräischen Lautung wiedergegeben und nicht in den im deutschsprachigen Raum üblichen Formen, also Mosche, nicht Moses, Rivka, nicht Rebekka. Wir wollten damit dem Hebräischen – neben einzelnen Textpassagen – ein weiteres Gewicht verleihen, zumal in jüdischen Kindergärten und Schulen meist die hebräischen Formen der biblischen Namen Verwendung finden. Eine detaillierte Übersicht zu den Schreibweisen finden Sie unter »Hebräische Orts- und Personennamen« im Anhang.

PARASCHAT BERESCHIT – Am Anfang

Gen 1,1–6,8

Diese Parascha ist deshalb eine besondere, weil mit ihr am Fest Simchat Torah stets der Lesezyklus in der Synagoge begonnen wird. Und weil hier der Schabbat besonders erwähnt wird, wenn auch zunächst als das Ruhen G'ttes am siebten Tag, wird auch die Passage Gen 2,1–3 am Freitagabend zum Kiddusch rezitiert.

Als Haftara wird ein Text aus dem Propheten Jesaja gelesen (Jes 42,5–43,10), da auch hier die Schöpfung gepriesen wird.

Einleitung

Bevor die Torah vom Volk Jisrael und von den vielen Gesetzen für das Volk Jisrael erzählt, beginnt sie am äußersten Anfang: beim Ursprung der Welt. Das hat zunächst mit Jisrael nichts zu tun, denn dass die Welt erschaffen worden ist, betrifft alle Menschen, egal welcher Religion oder welchem Volk sie angehören. Und doch ist es wichtig, dass die Torah, das Gesetzbuch der Juden, an diesem Anfang einsetzt. Denn es ist G'tt, so erzählt die Torah, der den Jisraeliten die Gesetze gegeben hat, derselbe G'tt, der mit seiner Macht die ganze Welt erschaffen hat. Auf diese Weise wird der Torah eine ganz besondere Rolle für das Volk Jisrael zugewiesen. Manche Rabbinen meinen dazu sogar, die Welt sei überhaupt nur deshalb erschaffen worden, damit dem Volk Jisrael die Torah gegeben werden und damit es die Gesetze einhalten konnte und kann.

Und weil die Geschichte der Menschheit nicht nur eine glückliche und zufriedene ist, sondern auch ihre Schattenseiten hat (wie die Geschichten von Gan Eden und von Kain und Hevel zeigen), bedarf es umso mehr eines Volkes, das diese Torah einzuhalten bereit und bemüht ist.

Die Torah selbst geht behutsam, Schritt für Schritt vor: Zunächst erzählt sie von der Urgeschichte und zeichnet ein Bild der Menschheit im Allgemeinen, dann erzählt sie von den Stammeltern, von denen das Volk Jisrael abstammt, dem später die Torah am Berg Sinai übergeben wird.

Die Torah will kein naturwissenschaftlicher Bericht sein und nicht davon erzählen, wie die Welt im Einzelnen entstanden ist. Ihr geht es allein darum, die Gesetzgebung am Berg Sinai in ein Verhältnis zur Welt insgesamt zu bringen. Deshalb sagt auch Raschi: Um der Torah willen wird die Welt erschaffen, und er stellt weiter fest, dass die Torah die Erschaffung der Welt nur in Bezug auf Jisrael erzählt. Auch Raschi interessiert sich nicht für die Details der Erschaffung der Welt. Er bezieht daher einzelne Aussagen immer wieder auf das Leben der Jisraeliten. So sind zum Beispiel die Gestirne mit Blick auf die späteren Festtage der Jisraeliten geschaffen worden.

Wie die Welt erschaffen wurde

בְּרֵאשִׁית בָּרָא אֱלֹהִים אֵת הַשָּׁמַיִם וְאֵת הָאָרֶץ:
וְהָאָרֶץ הָיְתָה תֹהוּ וָבֹהוּ וְחֹשֶׁךְ עַל פְּנֵי תְהוֹם
וְרוּחַ אֱלֹהִים מְרַחֶפֶת עַל פְּנֵי הַמָּיִם:
וַיֹּאמֶר אֱלֹהִים יְהִי אוֹר וַיְהִי אוֹר:

1,1
Hier beginnt die Lesung der Torah an Simchat Torah

Ganz zu Anfang, als G'tt Himmel und Erde erschuf, war die Erde ganz leer, und überall herrschte Dunkelheit. Nur der Geist G'ttes schwebte über dem Wasser.

Da sagte G'tt: »Es soll Licht sein.« Und dann war da Licht. Und G'tt sah, dass das Licht gut war. Und das Licht nannte er »Tag«, die Dunkelheit aber nannte er »Nacht«. Es wurde Abend, und es wurde Morgen: ein Tag.

Dann sagte G'tt: »Es soll eine riesige Wölbung mitten durch das Wasser gehen und zwischen oberem und unterem Wasser trennen.« Und so geschah es auch. Und G'tt nannte die Wölbung »Himmel«. Es wurde Abend, und es wurde Morgen: ein zweiter Tag.

Dann sagte G'tt: »Nun soll alles Wasser auf der Erde zusammenfließen, damit Trockenes entstehen kann.« Und so geschah es. Und G'tt gab dem Trockenen den Namen »Land«, und das gesammelte Wasser nannte er »Meer«. Und G'tt sah, dass es gut war.

Dann sagte G'tt: »Auf der Erde sollen Pflanzen wachsen.« Und so geschah es. Und G'tt sah, dass es gut war. Es wurde Abend, es wurde Morgen: ein dritter Tag.

G'tt sagte: »Am Himmel sollen Sterne leuchten, damit der Tag von der Nacht unterschieden werden kann. Und so geschah es: Die Sonne strahlte am Tag, der Mond und die Sterne leuchteten in der Nacht. Und G'tt sah, dass es gut war. Es wurde Abend, und es wurde Morgen: ein vierter Tag.

Dann sagte G'tt: »Im Wasser sollen Tiere wimmeln, und

*** G'tt:** Obwohl es in der Torah um das spezifische Verhältnis zwischen G'tt und dem Volk Jisrael geht, beginnt die Torah mit der Schöpfung. Dadurch soll deutlich werden (auch wenn es für uns heute selbstverständlich ist), dass G'tt nicht irgendein G'tt ist, sondern der Schöpfer der Welt.

* **Mensch:** Während G'tt Einer ist und die Welt erschafft, ist alles, was er erschaffen hat, ausdifferenziert: Licht/Dunkelheit; Wasser/Trockenes. Auch der Mensch ist in sich ausdifferenziert durch Mann und Frau. Insofern kann der Mensch nie zum Konkurrenten G'ttes werden. Der spätere Versuch, im Turmbau eine Einheit zu bilden, wird in der Torah mit der Ausdifferenzierung der Sprachen beantwortet. Damit steht nach der Vorstellung der Torah der Einzigkeit G'ttes stets die Vielfalt der Welt gegenüber.

über der Erde sollen Vögel durch die Luft fliegen.« So schuf G'tt die Fische und die Vögel. Und G'tt sah, dass es gut war. Er segnete sie alle und sagte: »Seid fruchtbar und vermehrt euch. Die Fische sollen sich in den Meeren und die Vögel über der Erde ausbreiten.« Es wurde Abend, und es wurde Morgen: ein fünfter Tag.

Dann sagte G'tt: »Auch auf der Erde sollen Tiere leben.« Und so geschah es: G'tt machte die Tiere, die auf der Erde lebten, und er sah, dass alles gut war.

Dann sagte G'tt: »Nun wollen wir noch die Menschen machen, damit sie uns ähnlich sind und über alle Tiere und über die ganze Erde regieren.« Und G'tt schuf den Menschen nach seinem Bild. Als Mann und Frau schuf er sie. Und G'tt segnete sie und sagte zu ihnen: »Seid auch ihr fruchtbar und vermehrt euch, verteilt euch über die ganze Erde und regiert über die Tiere.« Weiter sagte er: »Zum Essen gebe ich euch alle Früchte der Erde, so wie ich auch allen Tieren die Früchte zur Nahrung gebe.« Und so geschah es. Und G'tt sah alles, was er gemacht hatte, und er sah, dass es sehr gut war. Es wurde Abend, und es wurde Morgen: der sechste Tag.

2,1
Dieser Text wird am Freitagabend zum Kiddusch rezitiert

וַיְכֻלּוּ הַשָּׁמַיִם וְהָאָרֶץ וְכָל צְבָאָם:
וַיְכַל אֱלֹהִים בַּיּוֹם הַשְּׁבִיעִי מְלַאכְתּוֹ אֲשֶׁר עָשָׂה
וַיִּשְׁבֹּת בַּיּוֹם הַשְּׁבִיעִי מִכָּל מְלַאכְתּוֹ אֲשֶׁר עָשָׂה:
וַיְבָרֶךְ אֱלֹהִים אֶת יוֹם הַשְּׁבִיעִי וַיְקַדֵּשׁ אֹתוֹ
כִּי בוֹ שָׁבַת מִכָּל מְלַאכְתּוֹ
אֲשֶׁר בָּרָא אֱלֹהִים לַעֲשׂוֹת:

* **Schabbat:** Die Erzählung zielt auf den Schabbat. Deshalb wird Gen 2,1 ff. vor dem Kiddusch am Schabbat-Abend rezitiert. Dies ist auch die Begründung für die Schabbat-Ruhe: weil G'tt an diesem Tag von seinem Werk geruht hat.

So wurden der Himmel und die Erde und alles vollendet. Und G'tt vollendete am siebten Tag sein Werk. Und er ruhte am siebten Tag von seinem Werk aus. Da segnete G'tt den siebten Tag und heiligte ihn, denn an diesem Tag ruhte er von all seinem Werk aus, das er erschaffen hat.

Die ersten Menschen

Himmel und Erde waren also erschaffen: Aber noch waren nicht alle Pflanzen gewachsen, da G'tt, der Ewige, es noch nicht auf die Erde hatte regnen lassen. Auch gab es noch keinen Menschen, der die Erde hätte bearbeiten können. 2,4

Da geschah es, dass Feuchtigkeit aus dem Erdboden hervorkam und die Erde nass machte. G'tt, der Ewige, nahm vom Staub der Erde und formte daraus den Menschen. Dann blies er den Lebensgeist in die Nase des Menschen, sodass er zu einem lebendigen Wesen wurde.

Dann pflanzte G'tt, der Ewige, einen Garten in Eden und setzte den Menschen da hinein. G'tt, der Ewige, ließ allerlei Bäume in diesem Garten wachsen, auch den Baum vom Leben und den Baum von Gut und Böse.

Und aus dem Gan Eden kam ein großer Fluss, der den Garten bewässern sollte. Aus diesem Fluss entstanden vier Flüsse, die durch die verschiedenen Länder flossen. Sie hießen Pischon, Gichon, Chidekel und Prat.

Aber G'tt, der Ewige, sagte dem Menschen: »Von allen Bäumen in diesem Garten darfst du essen, aber nicht von dem Baum von Gut und Böse. Denn sobald du davon auch nur eine Frucht nimmst, wirst du sterben.«

Dann sagte G'tt: »Ich will dem Menschen eine Hilfe machen, die zu ihm passt, denn es ist nicht gut, dass der Mensch so alleine ist.« So bildete G'tt, der Ewige, alle Tiere und brachte sie vor den Menschen, um zu sehen, wie er sie nennen würde. Da gab der Mensch allen Tieren ihre Namen. Aber eine Hilfe, die zu ihm passte, fehlte ihm noch immer. Da ließ G'tt, der Ewige, den Menschen in einen Betäubungsschlaf fallen und nahm etwas aus der Seite des Menschen, verschloss die Stelle wieder, baute daraus eine Frau und brachte die Frau zum Menschen.

* **Die Flüsse:** Es wurde immer wieder versucht, mit den Namen der vier Flüsse auf den Ort des Gartens Eden zu schließen. Gemeinhin werden die letzten beiden Flüsse Chidekel und Prat als Tigris und Euphrat identifiziert. Die beiden ersten Flüsse Pischon und Gichon dagegen entziehen sich einer genauen Identifikation, das bedeutet, dass beide schon mit sehr vielen realen Flüssen in Verbindung gebracht wurden. Da es sich bei der »Paradiesgeschichte« aber in erster Linie um eine Erzählung handelt, ist es auch unerheblich, wo man sich den Ort des »Paradieses« genau vorzustellen hat.

וַיֹּאמֶר הָאָדָם זֹאת הַפַּעַם עֶצֶם מֵעֲצָמַי וּבָשָׂר מִבְּשָׂרִי 2,23–24
לְזֹאת יִקָּרֵא אִשָּׁה כִּי מֵאִישׁ לֻקֳחָה זֹּאת:
עַל כֵּן יַעֲזָב אִישׁ אֶת אָבִיו וְאֶת אִמּוֹ וְדָבַק בְּאִשְׁתּוֹ וְהָיוּ לְבָשָׂר אֶחָד:

* **Frau:** Nach Raschi ist der Mensch zunächst androgyn erschaffen (Mann und Frau) und wird erst jetzt in seiner Geschlechtlichkeit als Mann und Frau ausdifferenziert. Mann und Frau können aber nur zusammen zu Einem werden, das heißt ein Kind zeugen.

Da sagte der Mensch: »Diesmal habe ich endlich eine Hilfe erhalten, denn das Wesen, das ich ›Frau‹ nennen möchte, ist mir ganz ähnlich, und wir gehören zusammen.« Darin liegt auch der Grund, weshalb der Mann seine Eltern verlässt, um mit seiner Frau zusammen zu sein und mit ihr Kinder zu haben.

Und die beiden waren nackt, der Mensch und seine Frau. Aber sie schämten sich noch nicht voreinander.

Wie die Menschen das Gebot übertreten

3,1 Die Schlange war listiger als alle anderen Tiere. Sie sagte zur Frau: »Hat G'tt zu euch wirklich gesagt, dass ihr von keinem Baum im Garten essen dürft?« Und die Frau antwortete: »Wir dürfen von allen Bäumen essen, nur von dem Baum in der Mitte des Gartens nicht. Wir dürfen ihn nicht einmal berühren, weil wir sonst sterben müssen.«

* **Der »Sündenfall«:** Die Übertretung des ersten Gebotes ist nach jüdischer Tradition zwar eine Übertretung, sie ermöglicht aber erst, dass der Mensch zu sich selbst kommt: Er gewinnt nämlich die Freiheit, zwischen Gut und Böse zu unterscheiden und dadurch ganz Mensch zu werden.

Darauf erwiderte die Schlange: »Ach was. Ihr werdet nicht sterben! G'tt weiß vielmehr, dass euch die Augen aufgehen werden und ihr wie G'tt Gutes und Böses erkennen könnt, wenn ihr davon esst.«

Die Frau sah sich den Baum in der Mitte des Gartens genauer an, und sie bekam Lust und nahm schließlich eine Frucht und aß sie. Auch ihrem Mann, der bei ihr stand, gab sie eine Frucht, und auch er aß davon.

Plötzlich gingen ihnen die Augen auf und sie sahen, dass sie nackt waren. Um sich an ihrer Scham bedecken zu können, machten sie sich Schürzen aus Feigenblättern.

Da hörten sie die Stimme G'ttes, des Ewigen. Schnell versteckten sie sich hinter Büschen vor ihm. Doch G'tt, der Ewige, rief nach dem Menschen. Und der Mensch antwortete: »Ich habe dich gehört, und da fürchtete ich mich, weil ich doch nackt bin.« Darauf sagte G'tt, der Ewige: »Wer hat dir denn gesagt, dass du nackt bist? Hast du etwa von dem verbotenen Baum gegessen?« Da antwortete der Mensch: »Die Frau, die du für mich gemacht hast, hat mir von dem Baum gegeben. Und ich habe dann davon gegessen.«

Der Gan Eden

»Was hast du da getan?«, sagte G'tt, der Ewige, zur Frau. Und die Frau erwiderte: »Die listige Schlange hat mich irregemacht. Und ich habe dann von dem Baum gegessen.«

Da bestrafte G'tt, der Ewige, die Schlange und verfluchte sie. Er ließ die Schlange von nun an auf dem Boden kriechen und Staub essen. Und auch die Frau bestrafte er mit Schmerzen, die sie beim Kinderkriegen haben würde. Zum Schluss bestrafte G'tt, der Ewige, auch den Menschen, indem er dafür sorgte, dass der Mensch seine Nahrung mit harter Arbeit dem Feld abringen musste.

Und der Mensch gab seiner Frau den Namen Chawa, da sie die Mutter von allen Menschen wurde. Danach machte G'tt, der Ewige, für den Menschen und seine Frau Kleider aus Fellen, damit sie sich anziehen konnten. Und er sagte: »Nun kann der Mensch zwischen Gut und Böse unterscheiden. Aber ich schicke ihn aus dem Garten fort, damit er nicht auch noch vom Baum des Lebens isst und ewig leben kann.«

So schickte er die Menschen fort, damit sie die Erde bearbeiten sollten. Aber den Gan Eden ließ er von geflügelten Wesen, Kruvim, bewachen.

Kain und Hevel

4,1 Und der Mensch hieß Adam. Adam und Chawa lebten zusammen. Und Chawa bekam zwei Söhne. Der erste hieß Hevel, der zweite Kain. Beide wuchsen heran und wurden erwachsen. Hevel wurde Schafhirte, Kain dagegen wurde Ackerbauer.

Eines Tages brachte Kain dem Ewigen von den Früchten der Erde ein Geschenk. Und auch Hevel wählte unter den erstgeborenen Lämmern seiner Herde ein Geschenk, von den Besten nahm er es. Der Ewige freute sich sehr über das Geschenk von Hevel, nicht aber über Kains Geschenk. Das verärgerte Kain sehr und machte ihn traurig. Aber der Ewige sagte zu Kain: »Warum lässt du deinen Kopf hängen und bist so traurig? Wenn du alles richtig gemacht hast, dann kannst du doch mit dir zufrieden sein.«

Aber Kain ging mit seinem Bruder Hevel aufs Feld, begann einen Streit mit ihm und schlug ihn tot. Der Ewige sagte zu Kain: »Kain, wo ist dein Bruder?« Der aber antwortete: »Was weiß ich! Soll ich etwa der Aufpasser für meinen Bruder sein?«

Der Ewige aber sagte: »Was hast du da getan? Nun wird es dir übel ergehen. Du wirst auf der Erde herumwandern, aber keine Ruhe mehr finden!« Da fing Kain zu weinen an und wimmerte: »Hab ich denn so Schlimmes getan, dass du mir nicht mehr verzeihen kannst? Wenn ich deinen Schutz nicht mehr habe und überall fremd bin, dann kann mich ja jeder töten, der mich findet.« Daraufhin sagte der Ewige zu Kain: »Jeder, der Kain erschlägt, soll dafür siebenmal bestraft werden.« Und der Ewige machte Kain ein Zeichen, das ihn vor anderen schützen sollte.

Also ging Kain fort und ließ sich östlich des Gan Eden nieder. Und Kain bekam Kinder. Aber auch Adam und Chawa bekamen noch Söhne und Töchter, und diese bekamen wiederum Söhne und Töchter und so immer fort, zehn Generationen lang, bis Noach geboren wurde.

* **Kain:** Er lässt sich nur davon leiten, wie er in den Augen anderer (in dem Fall: G'ttes) erscheint. Deshalb wird er von G'tt zurechtgewiesen: »Wenn du meinst, alles richtig getan zu haben, was ärgerst du dich?« Die menschliche Geschichte zeigt, dass Kain den Grundtyp menschlichen Handelns zeigt: Dem ich etwas neide, den versuche ich, aus dem Weg zu räumen.

Wie die Welt schlechter wurde

Von da an waren die Menschen nicht immer gut zueinander. 6,5
Sie stritten sich, sie belogen sich, betrogen und machten Dinge, die G'tt, dem Ewigen, sehr missfielen. Da bereute der Ewige sehr, dass er die Welt erschaffen hatte, und er war sehr betrübt.

Da sagte der Ewige: »Ich will den Menschen, den ich erschaffen habe, wieder wegschaffen. Und nicht nur den Menschen, sondern alles, was ich erschaffen habe. Denn ich bereue sehr, dass ich sie erschaffen habe.« Allein Noach fand Gefallen in den Augen des Ewigen.

* **Reue G'ttes:** Der Mensch entspricht nicht den Anforderungen G'ttes, deshalb müsste er wieder abgeschafft werden. Aber G'tt ist nicht nur ein gerechter, sondern auch ein barmherziger G'tt, sodass Noach wieder »begnadigt« wird und die Menschheit eine neue Chance erhält.

PARASCHAT NOACH

Diese Parascha wird nur während des Lesezyklus in der Synagoge gelesen. **Gen 6,9–11,32**

Als Haftara wird wieder ein Text aus dem Prophetenbuch Jesaja genommen: Jes 54,1–55,5, da sich Jesaja hier direkt auf Noach und die Flut bezieht, ein Motiv, das sonst in der Bibel nicht häufig übernommen wird.

Einleitung

Die ersten beiden Paraschijot stehen in der Spannung von Gut und Böse. Wurde im ersten Schöpfungsbericht noch betont, dass das, was G'tt erschaffen hat, »gut« war, so wird nun davon berichtet, dass die Menschen seit der Vertreibung aus dem Gan Eden »böse« wurden. Die Flut und die Erwählung des »gerechten« Noach sollen dem zwar Einhalt gebieten, sind aber nicht genug, um »paradiesische« Zustände zurückzuholen. Dennoch hat sich durch die Flut etwas geändert, auch wenn der Turmbau wieder der Versuch zu sein scheint, das menschliche Selbstbewusstsein zu überhöhen: Die Menschen machen sich nun nicht mehr gegenseitig fertig, sondern versuchen, in Einigkeit Großes zu leisten und über sich hinauszuwachsen. Bereits unsere Rabbinen haben deshalb darauf hingewiesen, dass die Generation der Flut viel »böser« war als die Generation des Turmbaus.

In der Logik der bisherigen Geschichte liegt denn auch begründet, dass die Einheit der Menschheit von G'tt gestört wird. Denn in der Schöpfung geht es um Ausdifferenzierung. Der Begriff der Einheit ist allein G'tt vorbehalten. Menschliches Dasein gründet dagegen auf Unterscheidung und Differenz. Dies gilt sowohl im Physischen (die zwei Geschlechter), aber auch im Kulturellen (Differenz der Sprachen) sowie in räumlicher Hinsicht: Die Menschen sollen die ganze Erde füllen und nicht an einem Ort Richtung Himmel wohnen wollen. Insofern ist es nur konsequent, dass die beiden ersten Paraschijot von der Spannung zwischen Gut und Böse handeln. Denn der Mensch ist nicht nur physisch und kulturell ausdifferenziert, sondern in seinem Dasein immer ambivalent: Der Mensch ist nicht einfach nur gut, denn er hat immer auch die Möglichkeiten, anders zu sein. Und eben dies möchte die Torah betonen: Es geht hier um die Ambivalenz des Daseins und nicht um sich widerstreitende Prinzipien von Gut und Böse. Das Böse existiert nicht als eigenständige Macht, sondern ist die Möglichkeitsbedingung für das Gute. Wer »gut« sein will, hat stets die Möglichkeit, es nicht zu sein, weil »das Böse« immer schon im Guten enthalten ist. Insofern ist es auch nur konsequent, dass sich im Judentum nie eine Erbsündenlehre durchgesetzt hat, da eine solche Lehre zu sehr von der selbstständigen Macht der Sünde und des Bösen ausgeht.

Noach baut die Arche

אֵלֶּה תּוֹלְדֹת נֹחַ נֹחַ אִישׁ צַדִּיק תָּמִים הָיָה בְּדֹרֹתָיו 6,9
אֶת הָאֱלֹהִים הִתְהַלֶּךְ נֹחַ:
וַיּוֹלֶד נֹחַ שְׁלֹשָׁה בָנִים אֶת שֵׁם אֶת חָם וְאֶת יָפֶת:
וַתִּשָּׁחֵת הָאָרֶץ לִפְנֵי הָאֱלֹהִים וַתִּמָּלֵא הָאָרֶץ חָמָס:

G'tt hatte die Welt erschaffen. Aber es waren viele böse Menschen auf der Welt, die so gar nicht nach G'ttes Anweisungen lebten. Nur einen einzigen gerechten Mann gab es. Der lebte genauso, wie G'tt es sich vorgestellt hatte. Dieser Mann hieß Noach. Noach hatte eine Frau, und er hatte auch drei Söhne: Schem, Cham und Jefet. Da G'tt aber die Bosheit der Menschen sah, sagte er zu Noach:

»Ich habe beschlossen, alle Lebewesen zu vernichten, denn sie sind so böse zueinander, dass ich es nicht ertragen kann. Du aber sollst dir ein großes Schiff, eine Arche (*tevah*), aus Holz bauen. Bestreiche sie innen und außen mit Teer, damit sie wasserdicht ist. Denn ich will eine riesige Wasserflut über die Erde bringen, damit alle Lebewesen, die auf der Erde leben, ertrinken. Du aber sollst in die Arche gehen, wenn du sie fertiggestellt hast, du, deine Frau, deine Söhne und auch die Frauen deiner Söhne, deine ganze Familie, auch Tiere sollst du mitnehmen, denn mit dir möchte ich einen ganz besonderen Bund schließen.«

Und Noach machte sich ans Werk, und er machte alles so, wie es ihm G'tt gesagt und geraten hatte.

* **Der Bund:** Mit Noach schließt G'tt das erste Mal eine »*brit*«, einen Bund oder einen Vertrag. Zwar wird auch in der Geschichte von Kain und Hevel Kain von G'tt besonders geschützt, aber es wird noch nicht von einem »Bund« gesprochen. Mit dem »Bund« wird nicht nur der Mensch auf G'tt hin ausgerichtet, sondern auch G'tt dem Menschen gegenüber in die Pflicht genommen. Deshalb verspricht G'tt, die Erde nie wieder durch eine Wasserflut zu zerstören. Diese Idee von der gegenseitigen Verpflichtung wird später immer weiter ausgebaut: mit Avraham, mit dem Volk Jisrael.

Die Flut kommt

Da sagte der Ewige zu Noach: »Geh nun in die Arche, du und 7,1
deine ganze Familie, denn du sollst nicht in den Wasserfluten
umkommen. Und dann nimm von allen reinen Tieren je sieben

* **Reine Tiere:** Die Torah kennt die Unterscheidung zwischen »reinen« und »unreinen« Tieren. Damit ist kein hygienischer Begriff gemeint, vielmehr bezieht sich diese Unterscheidung auf den in späteren Büchern der Torah entwickelten Gedanken, dass es Tiere gibt, die zum Verzehr erlaubt sind und welche, die eben nicht erlaubt sind. Meist ist damit mitgemeint, dass die reinen Tiere, also die erlaubten, auch für den Opferdienst tauglich sind.

Stück mit in die Arche, und zwar männliche und weibliche Tiere. Und von den Tieren, die nicht rein sind, nimm zwei Stück mit, immer ein Männchen und ein Weibchen. So können alle Tierarten auf der Erde gut überleben. Denn du musst wissen, dass ich es in sieben Tagen auf die Erde regnen lasse, einen Regen, wie ihn noch niemand gesehen hat.«

Und Noach machte alles ganz genau so, wie es der Ewige ihm gesagt hatte. Und Noach war sechshundert Jahre alt.

Und nach sieben Tagen öffnete sich der Himmel, und der Regen stürzte auf die Erde nieder, vierzig Tage und vierzig Nächte. Aber Noach, Schem, Cham und Jefet und auch Noachs Frau und die Frauen seiner Söhne und all die Tiere waren in der Arche sicher vor den schweren Wassermassen.

Alle Tiere und auch alle Menschen aber, die auf der Erde lebten, kamen um. Allein Noach und alle, die in der Arche lebten, blieben übrig. Und das Wasser stieg und stieg, 150 Tage lang.

Die Welt nach der Flut

8,1 Dann endlich dachte G'tt an Noach und an alle, die in der
Arche waren, und ließ einen Wind über die Erde brausen, damit die Wassermassen sich wieder zurückzogen und die Erde freigaben. Es dauerte noch einmal 150 Tage, bis sich das Wasser allmählich verlor. Da endlich setzte die Arche auf dem Gebirge Ararat auf.

Aber erst nach weiteren vierzig Tagen öffnete Noach das Fenster der Arche, um einen Raben auszuschicken. Der flog immer wieder hin und her, bis die Erde vom Wasser trocken war. Danach schickte Noach eine Taube aus, aber sie fand noch keinen trockenen Ort auf der Erde und kehrte zur Arche zurück. Noach ließ wieder Zeit verstreichen und schickte dann die Taube abermals aus. Da endlich kam die Taube zur Arche zurück, und siehe da, sie hatte ein kleines Blatt von einem Olivenbaum in ihrem Schnabel. Daran erkannte Noach, dass das Wasser auf der Erde zurückgegangen war. Als Noach die Taube ein weiteres Mal ausschickte, kam sie nicht wieder zu-

Die Arche Noachs

rück. Da konnte Noach die Arche öffnen und sehen, dass die Erde schon ganz trocken geworden war.

Da sagte G'tt zu Noach: »Geh aus der Arche, du und deine ganze Familie. Alle Tiere, die mit dir in der Arche sind, nimm mit nach draußen, damit sie sich auf der Erde tummeln und sich vermehren können.« Da gingen Noach, seine Söhne, seine Frau und seine Schwiegertöchter aus der Arche hinaus und mit ihm alle Tiere, die in der Arche waren.

Da baute Noach dem Ewigen einen Altar, nahm von allen reinen Tieren eines und ließ sie auf dem Altar in Rauch zum Ewigen hinaufsteigen. Da sagte sich der Ewige: »Ich werde die Erde nie wieder verfluchen und alle Lebewesen töten. Die Menschen sind nun mal, wie sie sind.«

Der Bund zwischen G'tt und Noach

9,1 וַיְבָרֶךְ אֱלֹהִים אֶת נֹחַ וְאֶת בָּנָיו
וַיֹּאמֶר לָהֶם פְּרוּ וּרְבוּ וּמִלְאוּ אֶת הָאָרֶץ׃

Da segnete G'tt Noach und seine Söhne und sagte ihnen: »Seid nun fruchtbar, bringt Kinder zur Welt und bewohnt die ganze Erde. Aber nun müsst ihr nicht nur Gemüse und Obst essen, diesmal gebe ich euch auch die Tiere zur Nahrung. Nur auf eines achtet: Lebendiges Fleisch sollt ihr nicht essen, nicht einmal Fleisch, in dem noch Blut ist. Denn ihr sollt überhaupt kein Blut vergießen und schon gar nicht eure Mitmenschen umbringen.«

Und G'tt sagte zu Noach: »Ich möchte euch und allen Tieren ein ganz besonderes Versprechen geben (*brit*). Ich will euch versprechen, dass die Lebewesen nie wieder durch solch eine Wasserflut ausgelöscht werden sollen. Immer, wenn ihr am Himmel dicke Wolken entlangziehen seht, werdet ihr einen Regenbogen sehen. Dann denke ich an mein Versprechen und daran, dass der Regen nicht mehr zu einer Flut zusammenströmen soll. Mein Bogen in den Wolken soll das Zeichen sein für mein Versprechen, das ich mir und allen Wesen auf der Erde gegeben habe.«

* **Die noachidischen Gebote:** Mit dem »Bund« zwischen G'tt und Noach geht auch ein Mindestmaß an Verbindlichkeit für den Menschen einher, daher spricht die jüdische Tradition von den sieben noachidischen Geboten. Diese gelten nach jüdischer Tradition für alle Menschen, während die 613 Ge- und Verbote der Torah nur für die Juden vorgesehen sind. Die noachidischen Gebote sind: Rechtspflege, kein Götzendienst, keine G'tteslästerung, keine Unzucht, kein Blutvergießen, kein Raub, kein Blutgenuss.

Die Geschichte Noachs nach der Flut

Die Söhne Noachs, die aus der Arche kamen, waren also Schem, Cham und Jefet. Von ihnen stammen alle Bewohner der Erde ab. Noach wurde ein Ackermann und pflanzte einen Weinberg. Da passierte es einmal, dass Noach ein wenig zu viel von seinem Wein trank, sodass er davon betrunken wurde. Und weil er betrunken war, ging er in sein Zelt und legte sich ganz nackt hin, was damals nicht Sitte war. Da sah Cham die Scham seines Vaters und rannte sofort hinaus, um es seinen Brüdern zu erzählen. Schnell nahmen Schem und Jefet das Gewand ihres Vaters, legten es sich selbst auf die Schultern, gingen rückwärts hinein ins Zelt, sodass sie die Scham ihres Vaters nicht sehen konnten, und bedeckten ihn mit seinem Gewand. Als Noach aber seinen Rausch ausgeschlafen hatte und hörte, dass Cham ihn nackt gesehen hatte, schrie er ihn an: »Verflucht soll dein Land Knaan sein. Und du sollst Diener für deine Brüder sein.«

Und Noach lebte nach der Flut noch 350 Jahre. Und als Noach starb, da war er 950 Jahre alt.

Und Schem, Cham und Jefet bekamen Kinder über Kinder. 10,1
Und auch diese bekamen wieder Kinder und so immer fort. Und die Menschen wurden auf der Erde immer mehr und immer zahlreicher.

Der Turmbau

Obwohl die Menschen schon viele geworden waren, so hatten 11,1
sie alle doch nur eine einzige Sprache, und sie konnten einander verstehen. Als sie nun weiter östlich zogen, fanden sie eine große Ebene. Und dort ließen sie sich nieder. Dann sagten sie zueinander: »Kommt, wir wollen eine Stadt bauen und in die Stadt hinein einen Turm, so hoch, dass er mit seiner Spitze in den Himmel reicht. Damit können wir uns einen großen Namen machen und brauchen uns nicht mehr über die ganze Erde auszubreiten.«

Als der Ewige das sah, stieg er herab, um sich die Stadt und den Turm genauer anzusehen, die die Menschen da bauten. Da

* **Sprache:** Die jüdische Tradition geht davon aus, dass es vor dem Turmbau nur eine Sprache gab, nämlich Hebräisch. Erst mit dem Turmbau kam die Entstehung der Sprachen. Daraus kann man erkennen, dass es der Torah auch hier darum geht, das menschliche Leben in seiner Verschiedenheit zu betrachten: zuerst die Ausdifferenzierung der Geschlechter, dann der Sprachen.

Kanaan

sagte er zu sich: »Jetzt sind sie ein einziges Volk mit einer einzigen Sprache. Wenn sie so weiter machen, wird ihnen alles gelingen, was immer sie sich ausdenken! Lasst uns also ihre Sprache verwirren, sodass der eine den andern nicht mehr verstehen kann.« Da zerstreute der Ewige die Menschen über die ganze Erde, und sie mussten aufhören, ihre Stadt weiterzubauen.

Die weitere Geschichte der Menschheit

11,10 Noach hatte also drei Söhne: Schem, Cham und Jefet. Und diese bekamen wieder Kinder und so immer fort, bis irgendwann Terach geboren wurde. Terach wiederum bekam drei Söhne, nämlich Avram, Nachor und Haran. Haran starb noch zu Lebzeiten seines Vaters in dem Land, in dem er geboren worden war. Aber Haran hatte einen Sohn namens Lot. Auch Avram und Nachor heirateten. Avrams Frau hieß Sarai, und Nachors Frau hieß Milka. Aber Sarai war unfruchtbar und konnte keine Kinder bekommen. Eines Tages nahm Terach seinen Sohn Avram und Lot, seinen Enkel, und seine Schwiegertochter Sarai mit sich, um in das Land Knaan zu wandern. Aber sie kamen nur bis Charan, und dort blieben sie, bis Terach hochbetagt starb.

Abram | Nahor | Haran

PARASCHAT LECH LECHA – Zieh weg

Diese Parascha wird lediglich im normalen Lesezyklus gelesen. **Gen 12,1–17,27**
Als Haftara wird wiederum ein Text aus dem Buch Jesaja genommen, und zwar Jes 40,27–41,16, ein Abschnitt, in dem auf Avraham verwiesen wird, den G'tt aus dem letzten Winkel der Welt geholt hat.

Einleitung

Mit dieser Parascha beginnen die Erzählungen von den Stammeltern und damit die der unmittelbaren Vorgeschichte des Volkes Jisrael. Wie sehr diese Erzählungen bereits auf das Volk Jisrael ausgerichtet sind, lassen die wiederholten Versprechen G'ttes erkennen, aus einem einzelnen Elternpaar (Sarah und Avraham) ein ganzes Volk werden zu lassen, dem ein ganzes Land zugesprochen wird. Beide Versprechen sind deutliche Verweise auf die Zukunft, aber der Nachwuchs will sich nicht gleich und vor allem nicht zahlreich einstellen. Wodurch, zumindest aus der Sicht von Sarah und Avraham, das Versprechen für spätere Generationen nicht einlösbar ist. Beide bekommen gerade mal einen Sohn. Aber auch das zweite Versprechen lässt sich nicht so leicht verwirklichen. Schon eine schnelle Übersicht über den Text zeigt, dass die ersten Stammeltern permanent unterwegs waren und sich eben nicht im versprochenen Land niederlassen konnten.

Aber genau diesen Spannungsbogen will die Torah wiedergeben. Ein Versprechen (die Torah spricht von »Bund«) wird nicht einfach und unmittelbar eingelöst, sondern dynamisiert die gesamte Geschichte eines Volkes. Deshalb erzählt die Torah im Zusammenhang mit den Stammeltern nicht etwa von zufälligen Geschehnissen, die vor langer Zeit irgendwelchen

Menschen widerfahren sind, sondern vom langen Weg hin zu einem ganzen Volk und zu einem eigenen Land.

Das ist der Unterschied zwischen »Historie« und »Geschichte«. Der historischen Rückfrage geht es um die Einzeldaten der handelnden Personen, die Geschichte deutet dagegen das Dagewesene als ein Hinlaufen auf einen wichtigen Punkt, von dem aus sich die Jetztzeit in ihrem Selbstverständnis verstehen möchte. Deshalb ist es auch unerheblich, immerzu die Frage beantworten zu wollen, ob sich denn alles so zugetragen hat, wie es hier beschrieben wird. Vielmehr ist entscheidend, den erzählten Spannungsbogen als das lange Werden eines Volkes begreifen zu lernen.

Avram bricht nach Knaan auf

וַיֹּאמֶר ה' אֶל אַבְרָם 12,1
לֶךְ לְךָ מֵאַרְצְךָ וּמִמּוֹלַדְתְּךָ וּמִבֵּית אָבִיךָ
אֶל הָאָרֶץ אֲשֶׁר אַרְאֶךָּ:
וְאֶעֶשְׂךָ לְגוֹי גָּדוֹל וַאֲבָרֶכְךָ וַאֲגַדְּלָה שְׁמֶךָ וֶהְיֵה בְּרָכָה:
וַאֲבָרְכָה מְבָרְכֶיךָ וּמְקַלֶּלְךָ אָאֹר
וְנִבְרְכוּ בְךָ כֹּל מִשְׁפְּחֹת הָאֲדָמָה:

Eines Tages sagte der Ewige zu Avram: »Geh weg von hier, wo deine Familie wohnt, und geh in ein fernes Land. Ich werde dir zeigen, wo du hingehen sollst. Denn ich möchte dich segnen und deinen Namen überall bekannt machen. Und alle, die es mit dir gut meinen, sollen durch dich ebenfalls gesegnet sein, nicht aber die, die dir nur Übles wollen. So soll es allen Menschen um deinetwillen gut gehen.«

Da brach Avram mit seiner Frau Sarai von Charan auf und zog fort, wie es ihm der Ewige gesagt hatte. Und auch Lot, sein Neffe, zog mit ihm. Und sie nahmen alles mit, was ihnen gehörte, auch die Leute, die sich ihnen angeschlossen hatten. Avram war zu dieser Zeit fünfundsiebzig Jahre alt.

Als sie sich im Land Knaan niedergelassen hatten, zeigte sich der Ewige dem Avram und sagte zu ihm: »Dieses Land hier, das möchte ich deinen Kindern und Enkeln geben!« Da baute Avram dem Ewigen einen Altar. Er selbst aber blieb nicht lange, sondern zog weiter nach Süden.

* **»Der Ewige zeigte sich«:** Dass mit Avram/Avraham die eigentliche Geschichte beginnt, wird auch daran erkennbar, dass sich G'tt zum ersten Mal einem Menschen »zeigt«. Dieses »Erscheinen« G'ttes vor einem Menschen macht vor allem deutlich, dass G'tt immer dort ist, wo sich der Mensch gerade aufhält. Der G'tt der Stammeltern ist der G'tt, der mit ihnen mitgeht und sie auf ihrem Weg begleitet.

* **Ägypten:** Mizrajim, wie Ägypten hier entsprechend des Hebräischen wiedergegeben wird, spielt bereits in der Erzählung von Avram und Sarai eine gewisse Rolle, selbst das Motiv der Plagen ist hier vorweggenommen. Aber erst in der Erzählung von Josef und später im zweiten Buch der Torah, Schemot, nimmt Mizrajim (Ägypten) eine herausragende Rolle für das Werden des Volkes Jisrael ein.

Avram reist nach Mizrajim

Da brach plötzlich eine Hungersnot aus und Avram konnte sich nirgendwo niederlassen. Deshalb zog er noch weiter bis nach Mizrajim, um dort solange zu bleiben, bis die Hungersnot in Knaan vorüber war.

12,11 *Als sie Mizrajim schon fast erreicht hatten, sagte er zu seiner Frau Sarai: »Hör mal, liebe Sarai. Du weißt, dass du eine sehr schöne Frau bist. Wenn die Einheimischen dich nun sehen, werden sie mich bestimmt umbringen, damit sie deine Schönheit genießen können. Deshalb solltest du besser sagen, dass du meine Schwester bist. Dann lassen sie mich am Leben, und mir wird es gut gehen wegen deiner Schönheit.«*

Und so machten sie es. Als sie nach Mizrajim einreisten, sahen die Bewohner die Frau und drehten sich nach ihr um, denn Sarai war sehr schön. Da berichteten sie dem Pharao von der fremden, schönen Frau. Und sofort wurde Sarai in den Palast des Pharao gebeten, während Avram viele Geschenke bekam.

Aber der Ewige sah es gar nicht gern, dass Sarai nun im Palast des Pharao lebte. Deshalb schickte er allerlei üble Plagen über das ganze Haus des Pharao, sodass es dem Pharao und allen seinen Leuten recht übel erging. Da ließ der Pharao den Avram rufen und sagte ihm: »Warum hast du mir nicht gesagt, dass Sarai deine Frau ist? Aber nun, wo ich es schon weiß: Hier ist deine Frau, nimm sie und geh mit ihr aus Mizrajim wieder fort.«

Und der Pharao befahl einigen Männern, Avram und seinen ganzen Tross zu begleiten, bis sie das Land hinter sich gelassen hatten.

Avram lässt sich nieder

13,1 *So wanderte Avram also mit allem, was er hatte, aus Mizrajim zurück und weiter hoch in den Norden.*

Inzwischen war Avram sehr reich geworden an Vieh und an Silber und Gold. Auch Lot, der ihn die ganze Zeit begleitet hatte, war reich geworden und hatte viele Schafe, Rinder und Zelte. Aber ihre Herden waren so zahlreich, dass das Land, in dem sie ihre Zelte aufgeschlagen hatten, nun viel zu klein für sie beide war. Zumal auch andere Völker in dieser Gegend wohnten. Deshalb gerieten Lots Viehhirten in Streit mit den Viehhirten Avrams; sie stritten um das Land.

Da sagte Avram zu Lot: »Lass uns doch nicht wegen des Landes streiten, schließlich bist du mein Neffe. Ich mache dir einen Vorschlag: Wir wollen jeder unseren eigenen Weg gehen. Willst du nach Norden in diese Gegend, so gehe ich nach Süden, willst du aber nach Süden in die andere Gegend, so gehe ich nach Norden.« Da schaute sich Lot um und sah, dass das ganze Gebiet des Flusses Jarden überall bewässert und sehr fruchtbar war, wie der Garten des Ewigen, wie das Land Mizrajim. Also wählte er die Ebene am Fluss Jarden und zog mit seiner Herde in die Nähe der Stadt Sdom.

So trennten sich Avram und Lot voneinander. Avram blieb im Land Knaan, und Lot wohnte fortan in den Städten des Jarden. Die Leute von Sdom waren aber ziemlich übel, und sie verhielten sich keineswegs so, wie es dem Ewigen gefallen hätte.

Nachdem sich Lot von Avram getrennt hatte, sagte der Ewige zu Avram: »Schau über das ganze Land, in dem du nun wohnst. Dieses ganze Land, das du siehst, werde ich dir und deinen Kindern und Enkeln für immer geben. Denn ich will deine Kinder und Enkel so zahlreich machen wie den Staub der Erde.«

* **Land:** Das Landversprechen gehört, neben der Nachkommenschaft, zu den Zusagen, die G'tt dem Avraham (und auch den späteren Stammeltern) macht. Das Land ist also etwas, das G'tt den Menschen zuteilt. Trotzdem kann die Torah ohne Schwierigkeiten erzählen, wie Lot seinen Landstrich auswählt und Avram das nimmt, was übrig bleibt. Für die Torah ist die »g'ttliche« und die »menschliche« Sicht der Geschichte kein Widerspruch, sondern es sind zwei Sichtweisen, die beide ihre Berechtigung haben.

G'tt gibt Avram ein Versprechen

Wieder einmal zeigte sich der Ewige dem Avram und sagte zu 15,1
ihm: »Avram, du brauchst keine Angst zu haben. Egal was passiert, ich bin für dich wie ein Schild, das dich beschützen wird. Ich werde dich für deine Treue reich beschenken.«

Da aber sagte Avram: »Ach Ewiger, was willst du mir denn schon geben? Schau, ich habe nicht einmal Kinder, und alles, was ich habe, wird irgendwann mein Diener Elieser erhalten.«

Da sagte der Ewige: »Nein, der wird von dir nichts bekommen. Vielmehr soll dein eigener Sohn einmal alles von dir erhalten.« Und der Ewige nahm Avram hinaus ins Freie und sagte zu ihm: »Schau mal hoch zum Himmel und versuche, die Sterne zu zählen. Genauso zahlreich, wie die Sterne sind, sollen einmal deine Kinder und Enkel und Urenkel werden, das verspreche ich dir.« Und Avram war gar nicht überrascht. Er vertraute ganz einfach auf den Ewigen und auf das, was er gehört hatte, und das freute den Ewigen sehr.

Avram und Sarai brechen
auf in ein neues Land

Dann sagte der Ewige weiter, dass er, Avram, auch dieses Land einmal besitzen werde. Da fragte Avram, woran er denn erkennen könne, dass dieses Land ihm gehört. Da befahl der Ewige, dass Avram einige geschlachtete Tiere bringen und sie in der Mitte zerteilen solle, dazu auch einige geschlachtete Vögel. Als Avram alles so erledigt hatte, ging die Sonne unter, und ein tiefer Schlaf kam über ihn, und Avram fand sich in einer schrecklichen Dunkelheit wieder. Da hörte Avram den Ewigen reden: »Du sollst wissen, dass deine Nachkommen einmal sehr lange in einem fremden Land leben werden müssen. Sie werden dort Sklavenarbeit verrichten müssen, und es wird ihnen dort übel ergehen. Aber sie werden aus diesem Land hinausziehen können, und dann werden sie sich hier, in diesem Land, niederlassen.« Und da war es Avram, als würde eine große Feuerflamme kommen und die Fleischstücke verzehren.

Das war der Tag, an dem der Ewige mit Avram einen besonderen Bund schloss und ihm dieses Land versprach.

Die Geburt Jischmaels

Sarai konnte keine Kinder bekommen, sie war unfruchtbar. 16,1
Aber sie hatte eine Dienerin aus Mizrajim, die Hagar hieß. Da sagte sie eines Tages zu Avram: »Ach Avram, du weißt ja, dass ich gern Kinder bekommen hätte. Aber diese Freude durfte ich nie haben. Deshalb denke ich, dass du einfach zu meiner Dienerin Hagar gehen solltest, vielleicht wird sie ja schwanger, und dann könnte ich mich an ihrem Kind erfreuen.«

Und Avram hörte auf seine Frau Sarai und machte es so, wie sie es sich vorgestellt hatte. Und tatsächlich wurde Hagar bald schwanger. Aber sobald Hagar merkte, dass sie schwanger war, wurde sie Sarai gegenüber hochnäsig und ließ sich nichts mehr sagen. Das missfiel Sarai sehr, denn bisher war ihre Dienerin stets zuverlässig und freundlich gewesen. Deshalb machte sie nun ihrem Mann Avram Vorwürfe. Der aber sagte nur: »Hagar ist deine Dienerin. Mach mit ihr, was du für richtig hältst!« Von da an machte Sarai Hagar das Leben schwer, so schwer, dass es Hagar irgendwann zu viel wurde, und sie einfach weglief.

* **Die Nebenfrauen:** Dass eine andere Frau für die Hauptfrau ein Kind austrägt, das dann gewissermaßen der ersten Frau »gehört«, war in der antiken Gesellschaft schon deshalb nicht anstößig, weil die Polygamie durchaus gesellschaftlicher Konsens war, obwohl sie die Torah nicht allzu häufig schildert. Und in der Tat wird auch der Sohn der Hagar nicht als der Erbe für Avraham verstanden, da der eigentliche Erbe auch der Sohn von Sarah sein sollte.

Aber ein Engel des Ewigen fand Hagar in der Wüste und sagte zu ihr: »Hagar! Was machst du hier?« Da antwortete Hagar: »Ich bin meiner Herrin davongelaufen.« Und der Engel sagte: »Geh zurück zu Sarai, auch wenn es dir schwerfällt. Du bist schwanger, und du wirst einen Sohn gebären. Ich möchte auch dir viele Nachkommen geben. Aber dein Sohn wird ein wilder Bursche sein!«

Und Hagar kehrte zurück zu Sarai. Und nicht lange, da gebar Hagar dem Avram einen Sohn. Und Avram nannte seinen ersten Sohn Jischmael. Zu dieser Zeit war Avram sechsundachtzig Jahre alt.

G'tt verspricht Avram einen Sohn

17,1 Als Avram 99 Jahre alt geworden war, kam der Ewige erneut und zeigte sich ihm. Und er sagte zu ihm: »Ich bin G'tt, der Allmächtige. Ich möchte, dass du ein gerechtes Leben führst. Wenn du das tust, dann will ich mich mit dir ganz eng verbünden.«

Da erschrak Avram und fiel auf sein Gesicht, aber G'tt sagte weiter: »Weil ich dir viele Nachkommen versprochen habe und du deshalb zum Vater von so vielen Menschen werden sollst, wirst du nun Avraham heißen. Von dir sollen viele Menschen, ganze Völker, ja Könige sollen von dir abstammen. Und ich verspreche dir auch, dass du und deine Kinder und Enkel dieses Land bekommen werden.

17,10–12 זֹאת בְּרִיתִי אֲשֶׁר תִּשְׁמְרוּ בֵּינִי וּבֵינֵיכֶם וּבֵין זַרְעֲךָ אַחֲרֶיךָ
הִמּוֹל לָכֶם כָּל זָכָר׃
וּנְמַלְתֶּם אֵת בְּשַׂר עָרְלַתְכֶם
וְהָיָה לְאוֹת בְּרִית בֵּינִי וּבֵינֵיכֶם׃
וּבֶן שְׁמֹנַת יָמִים יִמּוֹל לָכֶם כָּל זָכָר לְדֹרֹתֵיכֶם
יְלִיד בָּיִת וּמִקְנַת כֶּסֶף מִכֹּל בֶּן נֵכָר אֲשֶׁר לֹא מִזַּרְעֲךָ הוּא׃

Aber eines musst du mir versprechen: Alle kleinen Jungen, die bei euch geboren werden, sollen beschnitten werden, denn daran soll man sehen, dass wir ganz eng miteinander verbündet sind. Und zwar sollt ihr eure kleinen Jungen am achten Tag nach der Geburt beschneiden.«

Und G'tt sagte weiter: »Auch deine Frau Sarai soll von jetzt an Sarah heißen. Denn ich will sie mit Jugend segnen und euch beiden einen Sohn geben.«

Da fiel Avraham wieder auf sein Gesicht, aber diesmal lachte er. Denn er dachte sich: »Soll ich mit fast hundert Jahren noch einen Sohn zeugen? Und soll Sarah, die auch schon neunzig Jahre alt ist, noch einen Sohn gebären?«

Als G'tt aufgehört hatte, mit ihm zu sprechen, nahm Avraham sofort seinen Sohn Jischmael und beschnitt ihn noch am selben Tag. Auch alle männlichen Bediensteten, die bei ihm lebten, beschnitt er. Avraham war 99 Jahre alt, als er beschnitten wurde, und Jischmael war 13 Jahre alt.

* **Beschneidung:** Die Beschneidung ist eines der wenigen Gesetze, die bereits im ersten Buch Bereschit erwähnt werden. Sie hängt unmittelbar mit dem »Bund« zusammen, den G'tt mit Avraham schließt. Aufgrund des Bundes erhält Avraham die Mizwa (das Gebot) der Beschneidung, dafür verpflichtet sich G'tt, Avraham und Sarah Land und Nachkommenschaft zu geben.

PARASCHAT WAJERA – Da erschien

Neben dem wöchentlichen Lesezyklus wird diese Parascha in Teilen an Rosch ha-Schana, dem Neujahrsfest, gelesen: Gen 21 am ersten Tag, Gen 22 am zweiten Tag. Der Text der Akeda (Gen 22) wird darüber hinaus auch im täglichen Schacharit gelesen. **Gen 18,1–22,24**

Zu dieser Parascha wurde der Abschnitt 2 Kön 4,1–37 als Haftara ausgewählt. Das Bindeglied zwischen Parascha und Haftara bildet die unfruchtbare Frau, die wider Erwarten ein Kind gebären wird. In der Haftara kündigt Elischa einer kinderlosen Frau Nachkommen an.

Einleitung

Immer wieder gibt es die unterschiedlichen Bezeichnungen »G'tt« *(Elohim)* und »der Ewige« (der vierbuchstabige Name): Beide meinen G'tt. In der Torah wird allerdings manchmal so, manchmal so geschrieben. Wobei hinter der Übersetzung »der Ewige« der Name G'ttes steht, den wir Juden nicht aussprechen dürfen. Wir denken, dass es auch sehr wichtig ist, beide Bezeichnungen zu verwenden, damit unsere Kinder lernen, dass wir nicht nur »G'tt« (oder gar einen »lieben G'tt«) haben, sondern dass dieser G'tt auch einen Namen hat, den wir so sehr achten, dass wir ihn lieber nicht aussprechen. Die jüdische Tradition hat an beide Bezeichnungen übrigens eine wichtige Aussage geknüpft; danach zeigt sich in *Elohim* der G'tt der Gerechtigkeit (also auch der strenge G'tt!), im vierbuchstabigen Namen (der Ewige) dagegen das Erbarmen G'ttes. Beide Aspekte sind für unser G'ttesverständnis sehr wichtig, da schon in der Torah G'tt immer wieder in diesen beiden Weisen auftritt: Die Bibel bezeugt eben nicht nur einen sich stets erbarmenden G'tt, sondern auch einen G'tt, der »zornig« werden und Forderungen an den Menschen stellen kann. Schließlich ist G'tt unser »Gegenüber«, an dem wir uns nicht nur laben können (kein »Wohlfühl-G'tt«), sondern der uns auch eine Reibungsgröße ist, die von uns eine Reaktion, ein Verhalten erzwingt.

Zur Bindung Jizchaks (im Deutschen oft fälschlich als die »Opferung Isaaks« bezeichnet): Diese Erzählung ist ganz eng mit dem Neujahrsfest (Rosch ha-Schana) verknüpft. Der Zusammenhang besteht darin, dass wir alle nur wegen dieser Tat Avrahams auf das Erbarmen G'ttes hoffen können und unsere Sünden nicht angerechnet bekommen (und Rosch ha-Schana ist ja der Tag, an dem G'tt die guten und schlechten Taten der Menschen aufrechnet!). Avraham war sozusagen so gerecht, dass es auch seinen Nachkommen angerechnet wird. Deshalb wird zu Rosch ha-Schana das Widderhorn, der Schofar, geblasen, weil anstelle von Jizchak ein Widder geopfert wurde, und daher wird diese Passage auch zu Rosch ha-Schana in der Synagoge aus der Torah-Rolle gelesen.

Drei Männer kommen zu Avraham und Sarah

וַיֵּרָא אֵלָיו ה' בְּאֵלֹנֵי מַמְרֵא 18,1
וְהוּא יֹשֵׁב פֶּתַח הָאֹהֶל כְּחֹם הַיּוֹם:
וַיִּשָּׂא עֵינָיו וַיַּרְא וְהִנֵּה שְׁלֹשָׁה אֲנָשִׁים נִצָּבִים עָלָיו
וַיַּרְא וַיָּרָץ לִקְרָאתָם מִפֶּתַח הָאֹהֶל וַיִּשְׁתַּחוּ אָרְצָה:
וַיֹּאמַר
אֲדֹנָי אִם נָא מָצָאתִי חֵן בְּעֵינֶיךָ אַל נָא תַעֲבֹר מֵעַל עַבְדֶּךָ:

Eines Tages erschien der Ewige bei Avraham, und Avraham bekam Besuch von drei Männern. Und Avraham lud sie zu sich ein und brachte ihnen Wasser, Brot, Fleisch und Milch, damit sie sich stärken konnten. Avraham stand bei den Männern, aß aber selbst nichts von dem guten Essen.

Während die Männer aßen, fragten sie Avraham: »Wo ist eigentlich deine Frau Sarah?« Und Avraham antwortete ihnen: »Sie ist im Zelt.« Dann sagte einer von ihnen: »In etwa einem Jahr werde ich wieder bei euch vorbeischauen. Dann werdet ihr beide einen kleinen Sohn haben.«

Aber Sarah war nicht in ihrem Zelt, sondern ganz in der Nähe und konnte alles hören. Sie lachte und sagte sich: »Ich bin doch schon so alt und Avraham ebenso! Warum sollten wir noch einmal ein Kind bekommen?«

Da sagte der Ewige zu Avraham: »Warum lacht Sarah? Sollte es dem Ewigen etwa zu schwer sein, sein Versprechen zu halten? Ich sage noch einmal: In einem Jahr wird Sarah einen Sohn gebären.« Sarah fürchtete sich und schämte sich, dass sie den Besuch ausgelacht hatte, deshalb leugnete sie alles. Aber einer der Besucher sagte nur: »Doch, du hast gelacht, ich habe es gehört.«

Nachdem die drei Männer sich ausgeruht hatten, gingen sie weiter. Und Avraham begleitete sie noch ein Stück ihres Wegs.

* **Die Kinderlosigkeit** wird in den Stammelternerzählungen durchgängig thematisiert. Zunächst ist Sarah unfruchtbar und kann dann doch Jizchak gebären. Dann ist Rivka unfruchtbar und gebiert später Esaw und Jaakov. Schließlich sind auch die beiden Frauen Jaakovs, Leah und Rachel, zumindest zeitweise unfruchtbar. Auch später in der Bibel (außerhalb der Torah) wird dieses Motiv öfter aufgegriffen. Wird an manchen Stellen die Unfruchtbarkeit als Strafe verstanden, so ist sie bei den Stammmüttern die Auszeichnung für den besonderen Segen und begründet so das besondere Verhältnis G'ttes zu seinem Volk.

Avraham verhandelt mit G'tt

18,17 Der Ewige sagte: »Was dringt denn da für ein Geschrei über Sdom und Amora herauf? Ich will hingehen und sehen, was es mit den Klagen auf sich hat. Ich will es wissen.«

Da gingen also die Männer in Richtung Sdom. Und Avraham ahnte schon, was sie mit der Stadt vorhatten. Deshalb sagte er zum Ewigen: »Wirst du etwa die Stadt Sdom vernichten, nur weil einige Leute dort sehr böse sind? Was ist dann mit denen, die nichts getan haben? Wirst du die auch bestrafen? Vielleicht sind in der Stadt fünfzig Menschen, die nichts Böses getan haben?«

Da sagte der Ewige zu Avraham: »Du hast recht. Und deshalb werde ich die Stadt nicht zerstören, wenn ich darin fünfzig Menschen finde, die nichts Böses getan haben.« Aber Avraham redete weiter auf den Ewigen ein und sagte: »Aber was ist, wenn sich in der Stadt nur vierzig Gerechte finden. Willst du dann die Stadt vernichten, nur weil zehn Gerechte fehlen?« Da sagte der Ewige: »Ich werde die Stadt auch dann nicht vernichten, wenn sich nur vierzig darin finden.« Aber Avraham redete weiter: »Verzeih mir, wenn ich noch einmal rede! Aber stell dir vor, in dieser Stadt finden sich nicht vierzig, sondern nur zwanzig Gerechte. Soll dann die Stadt vernichtet werden, obwohl zwanzig Gerechte darin wohnen?« Und der Ewige antwortete: »Auch wenn ich nur zwanzig Gerechte antreffe, so werde ich die Stadt nicht zerstören.« Aber Avraham redete weiter auf den Ewigen ein: »Mein Herr, nur noch ein einziges Mal möchte ich dich bitten: Willst du die Stadt auch dann nicht zerstören, wenn du nur zehn Menschen findest, die nichts Böses getan haben?« Und der Ewige versprach Avraham, er werde die Stadt Sdom auch dann nicht zerstören, wenn er darin nur zehn gerechte Menschen findet.

* **Avraham verhandelt mit G'tt:** In der Torah wird Avraham als ein gerechter und g'ttesfürchtiger Mann dargestellt, der stets das macht, was G'tt von ihm erwartet (siehe Bindung Jizchaks). Deshalb erstaunt umso mehr, dass er in dieser Geschichte mit G'tt geradezu um jede Menschenseele verhandelt, die vor G'ttes Zorn gerettet werden soll. Avrahams G'ttesfurcht und Frömmigkeit ist eben nicht blinder Gehorsam, wie ihm gern vorgeworfen wird, sondern die Voraussetzung dafür, sich für Gerechtigkeit einzusetzen. In den Midraschim finden sich übrigens immer wieder Figuren, die mit G'tt »ins Gericht gehen« und ihm Vorhaltungen machen.

Sdom wird zerstört

Am Abend desselben Tages saß Lot, der Neffe Avrahams, am 19,1
Tor der Stadt Sdom. Da kamen zwei Boten an. Und Lot lud sie
zu sich nach Hause ein. Er machte ihnen etwas Ordentliches
zu essen, damit sie sich stärken konnten. Aber kaum waren sie
mit dem Essen fertig, da klopfte es draußen, und Männer aus
der Stadt riefen: »Lot, gib die Männer heraus, die du eingeladen hast. Wir wollen unseren Spaß mit ihnen haben.« Da Lot ahnte, dass das nichts Gutes heißen konnte, ging er vor die Tür und versuchte, die Leute vor seinem Haus zu beruhigen. Aber es half nichts. Die Leute bedrängten ihn immer mehr. Schließlich war Lot sogar bereit, den Männern seine Töchter zu geben, nur um seine Gäste zu schützen, aber auch das blieb ohne Wirkung. Die Männer machten sich schon daran, auf Lot loszugehen.

* **Die Schlechtigkeit Sdoms:** Nach der Darstellung unserer Rabbinen ist die Schlechtigkeit Sdoms weniger darin zu suchen, dass die Menschen dort moralisch total verkommen waren (so wie es heute verstanden wird, wenn man von Sodom und Gomorrha spricht), sondern vor allem darin, dass sie kein gerechtes Recht geschaffen hatten, welches das Leben der Menschen untereinander vernünftig regelt.

In letzter Sekunde wurde die Tür von hinten aufgerissen und Lot ins Haus gezogen. Es waren die Gäste, die ihm in seiner Bedrängnis halfen. Jene bösen Menschen aber, die die Tür eintreten wollten, schlugen sie mit Blindheit, dass sie nichts mehr sehen und auch die Tür nicht mehr finden konnten.

Darauf mahnten die Männer Lot, dass er schnell seine Familie nehmen und die Stadt Sdom verlassen solle. »Denn«, so sagten sie, »wir wollen die Stadt Sdom zerstören. Es ist eine Stadt, in der nur noch böse Menschen wohnen.«

Da sammelte Lot seine Frau und seine Töchter um sich. Nur die Männer seiner Töchter wollten von einem Aufbruch nichts wissen. Und die beiden Gäste sagten ihnen: »Nun aber schnell. Rennt davon, schaut euch nicht um, rennt immer weiter.«

Und der Ewige ließ auf die Städte Sdom und Amora Schwefel und Feuer niederprasseln, dass alle Häuser, alle Felder verbrannten und nichts von den Städten übrig blieb.

Lot und seine Familie flohen vor den Feuerstürmen in eine kleine Stadt. Aber unterwegs drehte sich die Frau von Lot doch einmal um, um zu sehen, was aus Sdom würde, da erstarrte sie und wurde zur Salzsäule.

Avraham hörte das Feuerbrausen und ging hinaus, um nach Sdom und Amora hinabzusehen. Da sah er das ganze Jardental, wie es in Rauch stand, Feuer schlug meterhoch, Häuser standen in Flammen. Sträucher, Wälder, alles brannte nieder, alle Städte im Jardental.

Lot und seine Töchter

19,30 *Lot aber blieb mit seinen beiden Töchtern nicht in dem kleinen Städtchen, sondern zog mit ihnen hinauf ins Gebirge, wo er einsam leben konnte. Das war den beiden Töchtern natürlich nicht recht, denn sie waren noch jung und wollten etwas erleben. Außerdem hatten sie ihre Verlobten verloren und träumten davon, einen Mann zu heiraten und Kinder zu bekommen. Aber so sehr sie ihren Vater auch baten, wieder zu den Menschen zurückzukehren, es half nichts. Lot blieb stur und im Gebirge. Deshalb fassten die beiden Töchter in ihrer Verzweiflung einen schrecklichen Plan. Sie sagten sich, dass sie zwar keinen Mann hier oben im Gebirge heiraten könnten, dass sie aber sehr wohl Kinder bekommen könnten, nämlich von ihrem eigenen Vater! Und so taten sie es. Sie machten ihren Vater betrunken, damit er von all dem, was sie sich vorgenommen hatten, nichts mitbekam, und legten sich heimlich zu ihrem Vater. Und so wurden beide Töchter von ihrem eigenen Vater schwanger. Sie gebaren ihre Kinder, und das Kind der älteren Tochter wurde Moav genannt, das der jüngeren Ben-Ammi. Beide Kinder wurden die Väter von Völkern (nämlich der Moabiter und der Ammoniter).*

Avraham kommt zu Avimelech

20,1 *Avraham hatte noch immer keine Heimat gefunden. Deshalb machte er sich eines Tages auf, um nach Süden zu wandern. Dort ließ er sich in der Nähe einer Stadt nieder. Da er aber fremd in dieser Gegend war, erzählte er lieber nicht, dass Sarah seine Frau war. Vielmehr stellte er sie auch diesmal als seine Schwester vor.*

Avimelech, der König der Gegend, sah Sarah einmal, als er durch die Straßen ritt, und er fand sie sehr schön. Deshalb schickte er zu

Sarah und ließ sie zu sich kommen. Er fand dabei nichts weiter, denn er wusste ja, dass Sarah Avrahams Schwester war.

Aber G'tt sah das nicht gern. Deshalb sagte er zu Avimelech: »Du musst wegen dieser Frau sterben. Denn sie ist die Frau eines Mannes, deshalb kannst du sie dir nicht nehmen.« Da erschrak Avimelech: »Aber davon wusste ich doch nichts!« Und G'tt antwortete ihm: »Das weiß ich auch. Deshalb warne ich dich ja, bevor du sie dir zur Frau nimmst. Nun gib sie ihrem Mann zurück. Er ist ein großer Prophet, und vielleicht betet er ja auch für dich, sodass du am Leben bleiben kannst.«

Frühmorgens stand Avimelech auf und ließ Avraham zu sich kommen und sagte zu ihm: »Was habe ich dir getan, dass du mich in eine so missliche Lage bringst?« Da antwortete Avraham: »Ich dachte, das sei ein schlechter Ort, an dem man nur Schlechtes tut. Deshalb hatte ich Angst, dass man mich um meiner Frau willen töten würde. Deshalb habe ich meiner lieben Frau gesagt, dass sie überall, wo wir hinkommen sollten, sagen soll, sie sei meine Schwester. Außerdem ist Sarah tatsächlich meine Halbschwester.«

Daraufhin war Avimelech nicht mehr richtig böse. Er nahm Schafe, Rinder und Bedienstete und gab sie Avraham als Geschenk. Und er sagte zu Avraham: »Schau nur, mein Land liegt vor dir. Dort, wo es dir gefällt, kannst du dich einfach niederlassen.« Und zu Sarah sagte er: »Hier hast du tausend Silberlinge. Betrachte es als Schmerzensgeld.«

Avraham aber betete zu G'tt. Das war nötig, denn es stellte sich heraus, dass G'tt alle Frauen, die im Reich des Königs Avimelech lebten, mit Unfruchtbarkeit bestraft hatte, weil Avimelech Sarah zu sich genommen hatte. Also betete Avraham zu G'tt, damit die Frauen wieder gesund wurden und wieder schwanger werden konnten.

Die Geburt Jizchaks

21,1 וַה' פָּקַד אֶת שָׂרָה כַּאֲשֶׁר אָמָר וַיַּעַשׂ ה' לְשָׂרָה כַּאֲשֶׁר דִּבֵּר׃
Torah-Lesung für den 1. Tag von Rosch ha-Schana

וַתַּהַר וַתֵּלֶד שָׂרָה לְאַבְרָהָם בֵּן לִזְקֻנָיו
לַמּוֹעֵד אֲשֶׁר דִּבֶּר אֹתוֹ אֱלֹהִים׃

Sarah wurde ja vom Ewigen versprochen, dass sie noch ein Kind bekommen würde. Und in der Tat dauerte es nicht sehr lange, und sie bekam einen Sohn. Und Avraham nannte seinen Sohn Jizchak. Und wie es bei Avraham üblich geworden war, beschnitt er seinen Sohn Jizchak am achten Tag nach der Geburt, genauso, wie es ihm G'tt geboten hatte. Avraham war genau einhundert Jahre alt, als ihm Jizchak geboren wurde.

Jizchak und Jischmael

21,8 Jizchak wuchs heran, und Avraham bereitete ein großes Fest vor für den Tag, da Jizchak abgestillt sein würde. So war es damals Sitte.

Während des Festes musste allerdings Sarah sehen, wie Jischmael, der Sohn von Hagar, ihren eigenen Sohn ärgerte. Das machte Sarah sehr wütend, weshalb sie zu Avraham ging und ihm sagte: »Jag die Hagar mitsamt ihrem Sohn davon. Ich kann es nicht leiden, wenn Jischmael meinen Sohn immerzu ärgert.«

Avraham war darüber sehr traurig, denn Jischmael war schließlich auch sein Sohn. Aber G'tt sagte zu ihm, dass er auf Sarah hören solle, und versprach ihm gleichzeitig, dass er auch Jischmael beschützen und ihn zum Vater eines großen Volkes machen werde.

Da stand Avraham eines Tages früh am Morgen auf, nahm Brot und Wasser, gab es Hagar, legte alles auf ihre Schulter und schickte sie mitsamt dem Kind fort.

Und Hagar ging davon, in die Wüste, und war sehr verzweifelt. Denn sie wusste nicht, wohin sie gehen sollte. Auch ging das Wasser allmählich aus. Aber G'tt hörte das Kind weinen

Avraham bindet seinen Sohn Jizchak
auf den Altar

und rettete Hagar und das Kind. Und so wurde Jischmael groß und wohnte in der Wüste. Als er alt genug war, schaute seine Mutter, dass er eine Frau aus Mizrajim bekam.

Die Bindung Jizchaks

22,1
Torah-Lesung für den 2. Tag von Rosch ha-Schana

וַיְהִי אַחַר הַדְּבָרִים הָאֵלֶּה וְהָאֱלֹהִים נִסָּה אֶת אַבְרָהָם
וַיֹּאמֶר אֵלָיו אַבְרָהָם וַיֹּאמֶר הִנֵּנִי׃
וַיֹּאמֶר קַח נָא אֶת בִּנְךָ אֶת יְחִידְךָ אֲשֶׁר אָהַבְתָּ אֶת יִצְחָק
וְלֶךְ לְךָ אֶל אֶרֶץ הַמֹּרִיָּה
וְהַעֲלֵהוּ שָׁם לְעֹלָה עַל אַחַד הֶהָרִים אֲשֶׁר אֹמַר אֵלֶיךָ׃

*** Die Bindung:** In dieser Geschichte wird Avrahams Vertrauen in G'tt hervorgehoben. Er folgt den Anweisungen G'ttes, obwohl er ihren Sinn nicht begreift und sie gegen seine Vorstellungen verstoßen. Denn es ist ja der von G'tt versprochene Sohn, der nun getötet werden soll. Während dieser Text von nichtreligiösen Lesern gern als Propaganda für blinden Gehorsam gelesen wird, wurde er in der jüdischen Tradition breit rezipiert und immer wieder neu gedeutet. Eine Deutung dieser Probe ist die grundsätzliche Ablehnung von Menschenopfern für das Judentum. Die Geschichte wird auch als Warnung vor blindem Gehorsam gesehen. Gleichzeitig ist sie das Grunddokument für die jüdische Selbstaufopferung und das jüdische Märtyrertum durch alle Zeiten – und ist damit für die jüdische Identität äußerst wichtig geworden.

Nach einiger Zeit stellte G'tt Avraham auf die Probe. »Avraham!«, rief er ihn, und Avraham antwortete: »Ja, hier bin ich.« Und G'tt sagte: »Nimm deinen Sohn, deinen einzigen, den, den du lieb hast, den Jizchak, und geh los in das Land Morija. Dort sollst du ihn mir auf einem Berg geben.«

Und Avraham machte sich mit seinem Sohn Jizchak auf den Weg. Nach langer Reise konnten sie den Ort von Weitem sehen. Da sagte er seinen Dienern, die mit ihnen gekommen waren: »Bleibt hier bei den Tieren. Wir werden hingehen, uns hinwerfen und wiederkommen.« So gingen sie los; das Holz trug Jizchak, und das Messer hatte Avraham eingesteckt.

Nach einer Weile sagte Jizchak: »Vater!« Und der antwortete: »Ja, hier bin ich, mein Sohn!« Und Jizchak sagte weiter: »Hier ist das Holz für das Feuer, aber wo ist das Lamm, das geschlachtet und auf dem Altar verbrannt werden soll?« Und Avraham antwortete: »G'tt wird sich schon ein Lamm als Opfertier aussuchen, mein Sohn!«

Als sie ankamen, begann Avraham sofort, einen Altar zu bauen und legte Holz darauf. Dann nahm er seinen Sohn und band ihn über das Holz auf dem Altar fest. Und Avraham nahm das Messer, streckte seine Hand aus, um seinen Sohn zu schlachten, doch da rief plötzlich eine Stimme aus dem Himmel: »Avraham! Avraham!« Und Avraham antwortete: »Ja, hier bin ich!« Und die Stimme sagte: »Tu deinem Sohn nichts an, nicht das Geringste. Das genügt. Jetzt habe ich gesehen, dass du mir traust. Denn du hättest mir sogar deinen einzigen Sohn gegeben, wenn ich es gewollt hätte.«

Da sah Avraham einen Widder, der sich mit seinen Hörnern im Dickicht verheddert hatte. Und Avraham nahm den Widder und schlachtete ihn auf dem Altar als Opfer.

Da rief ein zweites Mal ein Bote des Ewigen und sagte: »Dafür, dass du mir deinen Sohn gegeben hättest, dafür will ich dich segnen und deine Kinder und Enkel und Urenkel zahlreich machen. Und auch alle anderen Völker sollen durch dich gesegnet sein, dafür, dass du auf mich gehört und mir vertraut hast.«

So ging Avraham zurück nach Hause.

PARASCHAT CHAJE SARAH – Die Lebensjahre Sarahs

Diese Parascha wird im normalen Wochenzyklus gelesen und hat keine besondere Verwendung an Feiertagen. Gen 23,1–25,18

Zu dieser Parascha wird 1 Kön 1,1–31 gelesen. Verbindendes Glied zwischen Parascha und Haftara ist die Regelung der Nachfolge. Auch Dawid regelt seine Nachfolge, allerdings deshalb, weil sich bereits Streit unter seinen Söhnen anbahnt.

Einleitung

In dieser Parascha sterben Sarah und (am Ende) Avraham. Damit ist die Geschichte des ersten Stammelternpaars beendet, und es beginnt die Geschichte von Jizchak und Rivka, dem zweiten Stammelternpaar. Diese Geschichte ist allerdings nicht allzu lang, da in der nächsten Parascha bereits Jaakov (und Esaw) geboren wird und damit die Geschichte Jaakovs beginnt.

Interessant ist, dass Jizchak – anders als Jischmael – nicht einfach eine Frau aus der Umgebung nehmen kann. Vielmehr muss sich der Diener Avrahams aufmachen, um eine Frau aus der ehemaligen Heimat Avrahams und Sarahs zu suchen. Offensichtlich ist es also sehr wichtig, welche Frauen die Stammväter haben. Das wird sich später übrigens noch einmal wiederholen, wenn Jaakov wieder in die alte Heimat Avrahams reist, um sich seine Frauen zu suchen (Rachel und Leah). Und es war auch bei Avraham schon wichtig: Avraham hatte ja schon einen Sohn (von Hagar). Das reichte aber nicht aus: Es musste auch ein Sohn von Sarah sein, damit G'tt mit Avraham einen Bund schließen konnte.

David | Abraham | Isaak | Rebekka | Jakob | Esau | Ismael | Rahel

Daraus kann man lernen, dass sich das Versprechen G'ttes, Avraham werde einmal Vater eines großen Volkes sein, nicht automatisch erfüllt, quasi wunderhaft und wie von Zauberhand. Nachkommenschaft setzt auch dann, wenn G'tt seinen Segen dazu gibt, voraus, dass die handelnden Personen selbst aktiv werden. Avraham muss schon selbst dafür sorgen, welche Frau sein Sohn einmal bekommen soll, und Jaakov muss später ebenfalls hart für seine Frauen arbeiten und kämpfen.

Das ist nicht anders mit dem zweiten großen Thema der Stammelterngeschichten: dem Versprechen von Land. Zwar hatte G'tt Avraham das Land versprochen, das heißt aber nicht, dass G'tt für Avraham das Land erobert, damit er sich bequem darin niederlassen kann. Avraham erwirtschaftet zeit seines Lebens überhaupt kein Land. Erst als seine Frau stirbt, sieht er sich genötigt, ein Stück Land zu kaufen, um eine Grabstätte für seine Frau zu haben. Aber sogar dieses bisschen Erde musste er selbst von Efron abhandeln. G'ttes Zusagen bedeuten also in keiner Weise, dass der Mensch sich in seinem Tun zurücknehmen kann. Ganz im Gegenteil.

Sarah stirbt

וַיִּהְיוּ חַיֵּי שָׂרָה מֵאָה שָׁנָה וְעֶשְׂרִים שָׁנָה וְשֶׁבַע שָׁנִים 23,1
שְׁנֵי חַיֵּי שָׂרָה׃
וַתָּמָת שָׂרָה בְּקִרְיַת אַרְבַּע הִוא חֶבְרוֹן בְּאֶרֶץ כְּנָעַן
וַיָּבֹא אַבְרָהָם לִסְפֹּד לְשָׂרָה וְלִבְכֹּתָהּ׃

* **Landerwerb:** Da Avraham zwar Land von G'tt zugesagt bekommen hat, aber noch keines besitzt, muss er sich für ein Grab für Sarah selbst Land kaufen. Hier greifen also wieder die »g'ttliche« und die »menschliche« Sichtweise ineinander, ohne dass sie sich widersprechen. Später kauft Jaakov ein Stück Land (Gen 33,19), um einen Altar für G'tt bauen zu können. Und Dawid tut dies noch später aus demselben Grund. Auch wenn G'tt stets Land verspricht, so müssen sich die biblischen Akteure doch immer wieder selbst darum kümmern.

Sarah starb mit 127 Jahren. Und Avraham trauerte um seine Frau, schließlich hatte er sie sehr lieb gehabt. Aber Avraham hatte kein eigenes Land, um seine Frau Sarah beerdigen zu können. Deshalb ging er zu den Leuten, bei denen er seine Zelte aufgeschlagen hatte, und bat sie darum, dass er das Feld Machpela mitsamt der Höhle von Efron abkaufen dürfe, damit er Sarah begraben könne.

Und nachdem Avraham und die Leute, bei denen er wohnte, miteinander geredet und viel miteinander verhandelt hatten, durfte Avraham das Feld Machpela kaufen. Da war Avraham zufrieden, denn nun konnte er seine Frau Sarah begraben.

Jizchak wird verheiratet

Als Avraham alt geworden war, sagte er zu seinem treuen Die- 24,1
ner Elieser: »Mein Lieber, versprich mir, dass du dort hingehst, wo ich herkomme, um für meinen Sohn Jizchak eine Frau zu finden. Jizchak soll sich keine Frau von unseren Nachbarn nehmen.«

Sein Diener versprach ihm dies. Er nahm Kamele und allerlei Geschenke mit und machte sich auf die Reise in das Land, aus dem Avraham kam.

Nach einer langen Reise kam er endlich an. Es war Abend, und es war die Zeit, da die jungen Mädchen zu den Brunnen gingen, um Wasser für die Tiere zu schöpfen. Da betete er zum Ewigen: »Ich werde zu einem der Mädchen sagen, gib mir doch etwas zu trinken. Und wenn dieses Mädchen auch noch meinen Kamelen zu trinken gibt, dann denke ich, dass es genau die richtige Frau für Jizchak ist. Ich bitte dich, Ewiger, dass du das so einrichtest.«

Es dauerte nicht lange, da trat ein Mädchen an den Brunnen, das sehr schön war. Avrahams Diener lief zu ihr hin und bat sie: »Gib mir doch etwas zu trinken, ich bin so durstig.« Und sofort nahm das Mädchen den Wasserkrug und reichte dem Mann zu trinken. Aber sie ging auch hin und brachte seinen Kamelen Wasser.

Das freute den Diener sehr, weshalb er dem Mädchen allerlei Geschenke gab. Das Mädchen hieß Rivka und war die Tochter des Betuel, einem von Avrahams Verwandten. Sie lief nach Hause und erzählte alles, was sie erlebt hatte. Als ihr Bruder Lavan die Geschenke an seiner Schwester sah, rannte er schnell hinaus, um den Fremden in das Haus zu bitten. Und so wurde der Diener Avrahams herzlich empfangen. Sie gaben den Tieren zu fressen, richteten dem Diener eine Stelle ein, wo er übernachten konnte, und bereiteten ein großes Essen vor.

Aber bevor der Diener zu essen begann, sagte er: »Ich bin ein Diener Avrahams. Avraham ist in Knaan sehr reich geworden. Und zu seinem Glück hat ihm seine Frau Sarah in hohem Alter noch einen Sohn geboren. Diesem Sohn gab Avraham alles. Aber ich habe ihm versprochen, eine Frau für seinen Sohn zu suchen. Deshalb bin ich hier. Nun frage ich euch, ob ihr meinen Herrn Avraham glücklich machen und seinem Sohn Rivka zur Frau geben wollt. Sagt es mir!«

Da antwortete Rivkas Vater Betuel: »So wie es aussieht, ist die Sache ganz im Sinn des Ewigen, deshalb können wir darüber nicht entscheiden. Hier ist Rivka, sie steht vor dir. Nimm sie mit dir und reise wieder nach Hause, damit sie die Frau von Avrahams Sohn werden kann.« Als der Diener das hörte, freute er sich sehr und holte weitere Geschenke aus dem Gepäck.

Am anderen Morgen stand er schon früh auf und bat seine Gastgeber: »Lasst mich nun aufbrechen, ich muss zurück zu meinem Herrn.« Da waren Rivkas Eltern sehr überrascht, dass

* **Die Stammmütter:** Es ist bezeichnend, dass die Frauen der Stammväter nie aus der Umgebung von Knaan kommen: Sarah kam mit Avraham aus einem fernen Land; Rivka wird vom Diener Avrahams aus der Verwandtschaft Avrahams geholt, Rachel und Leah holt sich Jaakov später selbst aus demselben Haus. Nur von den »Nebensöhnen« Jischmael und Esaw wird berichtet, dass sie sich Frauen aus der Umgebung holten. Damit wird also auch darauf geachtet, dass mütterlicherseits keine Beliebigkeit in der Partnerwahl besteht. Besonders diese Geschichte, wie der Diener Rivka findet, zeigt sehr deutlich, dass in der Wahl der richtigen Frau G'tt eine wichtige Funktion ausübt. Insofern kommt zur patriarchalen Linie gleichberechtigt die matriarchale dazu.

* **Partnerwahl:** Es ist doch immer wieder überraschend, wie »modern« die Bibel ihre Figuren zeichnet. So ist Polygamie im Alten Orient selbstverständlich, aber außer bei Jaakov spielt sie bei den Stammeltern keine wesentliche Rolle. Auch kommt es auf Rivkas Einverständnis an. Ohne dieses Einverständnis wäre die Ehe nicht möglich gewesen. Außerdem versäumt die Torah nicht, darauf hinzuweisen, dass Jizchak Rivka »lieb gewonnen« hat, wie sie dies schon bei Avraham betont hatte.

Elieser, der Diener Avrahams,
trifft Rivka

es so schnell gehen sollte. Sie wollten, dass Rivka noch ein Jahr bei ihnen bleiben sollte. Doch der Diener drängte, er wolle nach Hause. Da lenkten die Eltern von Rivka ein und sagten: »Lass uns Rivka fragen.« Da holten sie Rivka und fragten sie, ob sie denn jetzt schon mit dem Mann verreisen möchte. Da sagte sie nur: »Ja, ich will und ich werde!«

Da ließen sie Rivka gehen, gaben ihr noch Dienerinnen mit und wünschten ihr alles Gute. Und Rivka machte sich zusammen mit Avrahams Diener auf die Reise.

Jizchak und Rivka begegnen sich

24,62 Nachdem sie lange Zeit gereist waren, sah Rivka in einiger Entfernung einen Mann auf dem Feld stehen. »Wer ist der Mann dort vorne?«, fragte sie ihren Begleiter. »Das ist mein Herr, der Sohn Avrahams«, antwortete der Diener. Daraufhin nahm Rivka, wie es damals Sitte war, sofort einen Schleier und verhüllte sich damit.

Nachdem der Diener mit Rivka angekommen war, erzählte er alles ganz genau. Da nahm Jizchak Rivka und führte sie in das Zelt seiner Mutter. Und es dauerte nicht lange, da nahm er Rivka zur Frau, und er gewann sie sehr lieb.

Avraham stirbt

25,1 Avraham hatte noch eine andere Frau, sie hieß Ktura. Und zusammen mit Ktura hatte Avraham noch weitere sechs Söhne. Aber nur Jizchak bekam von Avraham alles. Seinen letzten sechs Söhnen gab er nur Geschenke und schickte sie früh fort nach Osten, wo sie selbst wiederum heirateten und Kinder bekamen.

Avraham wurde 175 Jahre alt. Dann starb er in diesem glücklichen Alter – alt und lebenssatt. Seine Söhne Jizchak und Jischmael begruben ihn in der Höhle von Machpela, wo bereits Sarah begraben lag.

Nach dem Tod Avrahams segnete G'tt auch Jizchak. Auch Jischmael wurde sehr alt, er starb mit 137 Jahren.

PARASCHAT TOLDOT –
Das sind die Nachkommen

Diese Parascha wird lediglich im wöchentlichen Zyklus der Synagoge gelesen. Gen 25,19–28,9

Als Haftara wird der Abschnitt Mal 1,1–2,7 gelesen. In beiden Texten geht es um die grundsätzliche Gegnerschaft Esaws und Jaakovs.

Einleitung

Mit dieser Parascha beginnt also die Geschichte des dritten – und letzten – Stammvaters: Jaakov. Jaakov wird in der Torah am ausführlichsten dargestellt (Par. Toldot, Par. Wajeze und Par. Wajischlach). Allerdings steht in dieser Parascha noch das Verhältnis von Jaakov zu seinem Zwillingsbruder Esaw im Mittelpunkt. In der Auseinandersetzung zwischen den beiden Brüdern ist vor allem Rivka, die Mutter, die alles entscheidende Person, die das Geschick zu lenken versucht. Sie hat ja als Erste erfahren (»der Ewige hat es ihr gesagt …«), dass der Jüngere die wesentliche Rolle in der weiteren Geschichte spielen soll.

Jaakov wird in der Torah nicht als eine moralische Lichtgestalt dargestellt (anders als Avraham, der über jeden Zweifel erhaben ist). Jaakov überlistet seinen Bruder, er belügt seinen Vater (und später übervorteilt er auch seinen Schwiegervater Lavan). Mit diesen Schilderungen haben sich unsere Ausleger immer wieder schwergetan. Schließlich ist Jaakov unser Stammvater. Nicht zuletzt wurden diese Texte im Mittelalter von den Christen auch immer wieder als Beweis dafür herangezogen, dass Juden Betrüger seien. Unsere mittelalterlichen Ausleger sind daher oft einen anderen Weg gegangen und haben in Jaakov und Esaw das Grundverhältnis der Juden zu ihrer Umwelt gesehen und vor allem Esaw als den brachialen »Verbrechertypen« verstanden, gegen den sich Jaakov zur Wehr setzen musste. Auf der anderen Seite kann man gerade in Jaakov das Menschliche erkennen, das sich dadurch auszeichnet, dass man in seinem (moralischen) Verhalten nicht unangefochten ist. Die Geschichte von Jaakov und Esaw erzählt insofern von »ganz normalen« Familienauseinandersetzungen, die allerdings in einem größeren Zusammenhang plötzlich eine entscheidende Bedeutung erhalten: Jaakov ist der Begründer Jisraels!

Jaakov und Esaw

וְאֵלֶּה תּוֹלְדֹת יִצְחָק בֶּן אַבְרָהָם אַבְרָהָם הוֹלִיד אֶת יִצְחָק׃ 25,19
וַיְהִי יִצְחָק בֶּן אַרְבָּעִים שָׁנָה
בְּקַחְתּוֹ אֶת רִבְקָה בַּת בְּתוּאֵל הָאֲרַמִּי מִפַּדַּן אֲרָם
אֲחוֹת לָבָן הָאֲרַמִּי לוֹ לְאִשָּׁה׃
וַיֶּעְתַּר יִצְחָק לַה' לְנֹכַח אִשְׁתּוֹ כִּי עֲקָרָה הִוא
וַיֵּעָתֶר לוֹ ה' וַתַּהַר רִבְקָה אִשְׁתּוֹ׃

Jizchak hatte also Rivka zur Frau genommen. Aber Rivka konnte keine Kinder bekommen. Deshalb betete Jizchak zum Ewigen, dass er seiner Frau doch Kinder schenken möge.

Und tatsächlich: Nicht lange, da wurde Rivka schwanger, weil sich der Ewige bitten ließ.

וַיִּתְרֹצְצוּ הַבָּנִים בְּקִרְבָּהּ וַתֹּאמֶר אִם כֵּן לָמָּה זֶּה אָנֹכִי 25,22–23
וַתֵּלֶךְ לִדְרֹשׁ אֶת ה'׃
וַיֹּאמֶר ה' לָהּ שְׁנֵי גוֹיִם בְּבִטְנֵךְ וּשְׁנֵי לְאֻמִּים מִמֵּעַיִךְ יִפָּרֵדוּ
וּלְאֹם מִלְאֹם יֶאֱמָץ וְרַב יַעֲבֹד צָעִיר׃

Aber in ihrem Bauch boxte und stieß es so sehr, dass Rivka ganz durcheinander war. Sie ging zum Ewigen und fragte ihn, was das bedeuten solle. Und der Ewige sagte zu ihr: »Du hast Zwillinge in deinem Bauch. Und die zwei werden sehr unterschiedlich werden. Auch ganz verschiedene Völker werden von ihnen abstammen, die sich trennen werden: Das große Volk wird dem kleinen dienen.«

Dann war es endlich soweit, und Rivka gebar ihre Zwillinge. Das erste Kind, das sie gebar, war mit rötlichen Haaren bedeckt. Dann kam das zweite Kind, und es hielt noch die Ferse des ersten fest. Die Eltern nannten das erste Kind Esaw, das zweite nannten sie Jaakov (Fersenhalter).

Die Kinder wuchsen heran und wurden sehr verschieden.

Esaw lernte, auf dem Feld und im Wald zu jagen, während Jaakov ein sanfter Junge wurde, der lieber zuhause in seinem Zelt blieb. Und Jizchak liebte besonders Esaw, während Rivka Jaakov lieber mochte.

Esaw vergibt sein besonderes Recht

25,29 Es geschah einmal, da kam Esaw ganz erschöpft vom Feld nach
Hause. Als er sah, dass Jaakov etwas zu essen gekocht hatte, bekam er großen Appetit und sagte zu Jaakov: »Ich bin so hungrig, lass mich etwas von deinen roten Linsen essen. Ich verhungere sonst!« Der roten Linsen *(adom)* wegen nannte man Esaw auch Edom. Jaakov überlegte kurz: Esaw war das erste Kind und deshalb, wie es damals Sitte war, für seinen Vater etwas ganz Besonderes. Esaw würde den Hauptteil des Erbes erhalten. Also schlug Jaakov Esaw vor, ihm im Austausch für einen Teller Linsen sein Erstgeburtsrecht zu verkaufen. Damit nun er wie der erste Sohn sei. Und Esaw kümmerte sich gar nicht darum, was das für ihn bedeutete. Er hatte Hunger und verkaufte sein Erstgeburtsrecht. Jaakov gab Esaw von seinem Essen, und er gab auch Brot dazu und etwas zu trinken. So warf Esaw sein Erstgeburtsrecht einfach fort.

* **Erstgeburtsrecht:** In der Torah gibt es zwei »Erstgeburtsrechte«: **A** das patriarchale, bezogen auf den Erstgeborenen des Vaters. Dieses wird meist angesprochen, wenn es um sozialgesellschaftliche Überlegungen geht, wie das Erbrecht. **B** das matriarchale, bezogen auf den Erstgeborenen der Mutter, womit die Torah meist denjenigen bezeichnet, der den Mutterschoß als Erster durchstoßen hat. Dieser Erstgeborene spielt vor allem im kultisch-religiösen Bereich eine Rolle, z. B. bei der Auslösung des Erstgeborenen. Aufgrund der in der Torah vorausgesetzten Polygamie müssen beide Erstgeborene nicht unbedingt identisch sein.

Jizchak und Rivka reisen zu Avimelech

26,1 Es herrschte wieder einmal eine Hungersnot im ganzen Land.
Da zog Jizchak fort nach Gerar, in das Gebiet des Königs der Pelischtim, der Avimelech hieß, denn dort gab es noch genügend zu essen.

Da zeigte sich der Ewige dem Jizchak und sagte zu ihm: »Geh nicht nach Mizrajim, sondern bleib hier im Land. Denn auch dich möchte ich segnen und deinen Nachkommen dieses Land geben. Ich gebe dir das gleiche Versprechen, das ich schon deinem Vater Avraham gegeben habe. Deine Kinder und Enkel möchte ich so zahlreich machen, wie die Sterne am Himmel und ihnen dieses Land geben. Und alle Völker der Erde sollen durch deine Kinder und Enkel und Urenkel gesegnet sein. Das will ich dir versprechen zum Dank dafür, dass schon Avraham meine Gebote und alle meine Lehren eingehalten hat.

So blieb also Jizchak in Gerar bei den Pelischtim, weil der Ewige es ihm so gesagt hatte.

Aber die Leute wurden auf Jizchak und Rivka neugierig, weil sie fremd waren. Und sie fragten Jizchak aus, auch über seine Frau fragten sie ihn aus. Da antwortete ihnen Jizchak: »Das ist nicht meine Frau, das ist meine Schwester!« Denn er hatte Angst, dass ihn die Leute wegen Rivka umbringen würden. Schließlich war Rivka sehr schön.

Aber eines Tages kam Avimelech, der König der Pelischtim, bei ihnen vorbei und sah, dass sich Jaakov und Rivka in den Armen lagen, was Geschwister so doch nicht machten. Da rief Avimelech am andern Tag Jizchak zu sich und sagte ihm: »Wieso hast du gesagt, dass Rivka deine Schwester sei, ich habe anderes gesehen!« Da antwortete Jizchak: »Ich hatte Angst um mich, dass man mich wegen Rivka hätte umbringen können.«

Avimelech war sehr wütend über Jizchak, schließlich hatte er Rivka in seinen Harem aufnehmen können, und dann hätten sich alle schuldig gemacht. Um solche Schuld nicht auf sich zu laden, befahl er dem ganzen Volk: »Wer diesen Mann oder diese Frau auch nur anfasst, der soll hart bestraft werden!«

Jizchak und Avimelech trennen sich

Jizchak und Rivka lebten eine ganze Weile bei den Pelischtim. 26,12
Und Jizchak bestellte seine Felder und wurde reich beschenkt vom Ewigen. Ihm glückte einfach alles, sodass er sehr bald sehr reich wurde. Er hatte große Schaf- und Rinderherden, viele Bedienstete hatte er auch. Und es blieb nicht aus, dass die Pelischtim begannen, ihn darum zu beneiden. Vor lauter Wut verstopften sie sogar seine Wasserbrunnen.

So kam Avimelech eines Tages bei Jizchak vorbei und sagte ihm: »Es ist besser, wenn du von uns fortgehst, denn deine Herden sind einfach zu groß für unser Land.«

Da packte also Jizchak seine Zelte und alles, was er hatte, und zog etwas weiter fort. Dort ließ Jizchak all die Wasserbrunnen, die sein Vater Avraham hier schon gegraben hatte, wieder ausgraben, damit er genug Wasser für seine Tiere hatte. Aber kaum wurde Wasser gefunden, da entstand ein großer Streit zwischen den Hirten Jizchaks und den Hirten aus der Umgebung, denn die sagten: »Das ist unser Wasser.«

Also gruben die Diener Jizchaks einen anderen Brunnen, aber wieder gab es Streit, woraufhin Jizchak noch weiterzog. Erst da war endlich Ruhe, sodass sie sich in dieser Gegend niederlassen konnten.

26,24–25

וַיֵּרָא אֵלָיו ה' בַּלַּיְלָה הַהוּא וַיֹּאמֶר אָנֹכִי אֱלֹהֵי אַבְרָהָם אָבִיךָ
אַל תִּירָא כִּי אִתְּךָ אָנֹכִי וּבֵרַכְתִּיךָ וְהִרְבֵּיתִי אֶת זַרְעֲךָ
בַּעֲבוּר אַבְרָהָם עַבְדִּי:
וַיִּבֶן שָׁם מִזְבֵּחַ וַיִּקְרָא בְּשֵׁם ה' וַיֶּט שָׁם אָהֳלוֹ
וַיִּכְרוּ שָׁם עַבְדֵי יִצְחָק בְּאֵר:

Aber Jizchak zog weiter bis zum heutigen Beerscheva. Da erschien ihm der Ewige in der Nacht und sagte zu ihm: »Ich bin der G'tt deines Vaters Avraham. Du brauchst dich nicht zu fürchten, denn ich stehe auch dir zur Seite, wie ich deinem Vater zur Seite gestanden habe. Ich will dich segnen und deine Nachfahren, deine Kinder und Enkel und Urenkel zahlreich machen, in Erinnerung an Avraham, meinen treuen Diener.«

Kaum hatte sich Jizchak hier niedergelassen, kam eines Tages Avimelech mit seinem Gefolge bei ihm vorbei. Das wunderte Jizchak sehr, und er fragte ihn, weshalb er ihm nun hinterher reiten würde.

Da antworteten die Leute von Avimelech: »Wir haben gesehen, dass dein G'tt immer mit dir ist. Da dachten wir, es wäre doch nicht schlecht, wenn wir uns miteinander verbünden würden. Du sollst uns versprechen, dass du uns nichts Böses willst, wie auch wir immer euer Bestes wollten. Du bist nun mal ein Gesegneter des Ewigen.«

Da ließ Jizchak ein großes Essen für die Gäste bereiten, und

* **Die anderen Völker:** In den Erzählungen um Jizchak wird ein relativ unaufgeregtes Verhältnis der Stammeltern zu den anderen Völkern beschrieben. Es gibt Streitereien (ums Wasser!), es gibt Verträge, um ein friedliches Miteinander zu gewährleisten, aber es gibt vor allem eines nicht: das Pochen auf Ansprüche, die sich aus religiösen Überzeugungen ableiten lassen. Dass auch Jizchak das Land versprochen wird, wird nicht in unmittelbare Ansprüche umgemünzt, sondern als Zusage für die Zukunft verstanden. Daher sind Jizchak und Rivka am Ende dieser Erzählung traurig darüber, dass sich Esaw eine Frau aus den Nachbarvölkern nimmt. Denn die familiäre Linie ist für die Zukunft wesentlich. Und umgekehrt ist es konsequent, dass Jaakov fortgeschickt wird, auch wenn dies in der Erzählung anders begründet wird.

sie aßen und tranken alle und gingen später zu Bett. Als sie am nächsten Morgen früh aufstanden, versprachen sie einander, nichts Böses gegeneinander im Sinn zu haben. So konnte Jizchak Avimelech und sein Gefolge in Frieden gehen lassen.

Während sie dort lebten, nahm sich Esaw, der mittlerweile schon vierzig Jahre alt geworden war, eine Frau aus der Umgebung. Sie hieß Jehudit. Dass sie aber eine Frau von den Nachbarvölkern war, machte Jizchak und Rivka sehr betrübt.

Jaakov erschleicht sich den Segen

Jizchak wurde mit den Jahren alt. Und je älter er wurde, desto 27,1
schlechter konnten seine Augen sehen. Eines Tages rief er seinen ältesten Sohn Esaw zu sich.

»Schau her, ich bin schon so alt geworden, es geht dem Ende entgegen. Geh für mich noch einmal auf die Jagd und mach mir einen schmackhaften, deftigen Braten von einem Wild. Ich möchte dir dann noch ein letztes Mal meinen Segen geben.«

Das hörte Rivka zufällig mit. Und als sie erfuhr, dass Jizchak, ihr Mann, den Esaw noch einmal segnen wollte, rief sie schnell Jaakov, ihren Lieblingssohn, und sagte ihm: »Geh schnell und hole zwei Ziegenböckchen, damit ich deinem Vater einen schönen Braten zubereiten kann. Den bringst du ihm dann, und dann wird er *dich* vor seinem Tod noch einmal segnen.«

Aber Jaakov meinte nur: »Aber Mutter! Vater braucht nur über meinen Arm zu streichen, da spürt er schon den Unterschied. Esaw ist doch stark behaart, und ich habe eine ganz glatte Haut! Und dann bin ich in seinen Augen auch noch ein Betrüger, und er würde mich nicht segnen, sondern verfluchen!« Aber seine Mutter meinte nur: »Mach dir keine Sorgen. Wenn überhaupt, so käme der Fluch auf mich. Geh schon und hole die Ziegenböckchen.«

Da ging Jaakov zum Stall und brachte seiner Mutter zwei schöne Ziegenböckchen. Rivka machte daraus einen wunderbaren Braten, wie Jizchak ihn immer gern hatte. Dann bekleidete sie Jaakov mit einigen Kleidern von Esaw und bedeckte

*** Der Betrug Jaakovs:** Jaakov betrügt, lügt und hält seinen Vater zum Narren: Verhaltensweisen, die unseren moralischen Vorstellungen zuwiderlaufen. Das zeigt, dass die Torah nicht von Heiligen erzählen will, sondern das geschilderte Leben vielschichtiger, ambivalenter ist. Es ist auch von der Erzählung her einsichtig, da Rivka von der g'ttlich zugesprochenen Zukunft weiß und alles daran setzen muss, diese Zukunft auch zu realisieren. Allerdings stehen diesem Vorhaben die gesellschaftlichen Verhältnisse im Weg. Denn der Patriarch Jizchak bevorzugt seinen erstgeborenen Sohn, und Frauen haben in dieser Gesellschaft nicht denselben Stellenwert, sodass Rivka ihren Plan nur mit Tücke und Hinterlist durchsetzen kann, damit Jaakov zu der Anerkennung kommt, die ihm von vorneherein zugesichert war. Hier zeigt sich, wie gesellschaftliche Konventionen (Erstgeburtsrecht) durch übergeordnete Zusammenhänge durcheinandergeraten.

zum Schluss mit den Fellen der Ziegenböcke die glatten Arme von Jaakov, sodass sie nun ganz behaart schienen. So machte sich Jaakov auf zu seinem Vater, der eigentlich Esaw erwartete.

Jaakov sagte: »Vater!« Und Jizchak antwortete: »Ja, mein Sohn! Wer bist du?« Und Jaakov sagte: »Ich, Esaw, dein Erstgeborener. Ich habe dir dein Essen gebracht. Richte dich auf und iss von meinem Wildbret, das ich auf dem Feld erlegt habe. Dann kannst du mich segnen.«

Sein Vater war erstaunt, weil er nicht glauben konnte, dass man so schnell ein Wild schießen und zubereiten konnte. Da meinte Jaakov nur ganz leise: »Der Ewige, dein G'tt, hat es so eingerichtet.«

Jizchak beugte sich zu Jaakov vor und bat ihn: »Tritt doch noch ein bisschen näher, mein Sohn. Damit ich dich betasten und sehen kann, ob du auch tatsächlich Esaw bist.« Da trat Jaakov an seinen Vater näher heran, und Jizchak betastete ihn ausführlich.

»Eigenartig, die Stimme ist Jaakovs Stimme, aber die Hände sind Esaws Hände.« Und er fragte noch einmal: »Du bist also Esaw?« Und Jaakov antwortete: »Ich bin es.«

»Na, so sei es. Reiche mir nun das Essen, damit ich dich dann segnen kann.« Da reichte ihm Jaakov das Essen, und Jizchak aß und trank mit gutem Appetit.

Als er zu Ende gegessen hatte, sagte er zu Jaakov: »Tritt nun näher heran und küss mich, mein Sohn.« Und als Jaakov näher herangetreten war und seinen Vater küsste, roch er wegen der Kleider nach Esaw. Und Jizchak segnete ihn:

27,27–29

וַיֹּאמֶר רְאֵה רֵיחַ בְּנִי כְּרֵיחַ שָׂדֶה אֲשֶׁר בֵּרֲכוֹ ה':
וְיִתֶּן לְךָ הָאֱלֹהִים מִטַּל הַשָּׁמַיִם וּמִשְׁמַנֵּי הָאָרֶץ
וְרֹב דָּגָן וְתִירֹשׁ:
יַעַבְדוּךָ עַמִּים וְיִשְׁתַּחֲווּ לְךָ לְאֻמִּים הֱוֵה גְבִיר לְאַחֶיךָ
וְיִשְׁתַּחֲווּ לְךָ בְּנֵי אִמֶּךָ אֹרְרֶיךָ אָרוּר וּמְבָרֲכֶיךָ בָּרוּךְ:

Jaakov erhält den Segen
von seinem Vater Jizchak

»Schau, mein Sohn duftet nach dem Feld, das der Ewige gesegnet hat. Deshalb gibt dir G'tt vom Tau des Himmels und vom Fett der Erde, damit du viel Getreide und Wein ernten kannst. Andere Völker werden dir einmal dienen und sich vor dir niederwerfen, ja, selbst deine Brüder werden sich vor dir verbeugen.«

* **Segen:** In dieser Parascha spielt das Thema »Segen« eine große Rolle: Jaakov erschleicht sich den Segen seines Vaters, der eigentlich für Esaw bestimmt war. Das macht sehr deutlich, wie real ein Segen verstanden wird. Das, was Jizchak in seinem Segen dem Sohn ankündigt, hat auch die Kraft, Realität zu werden. Deshalb kann er die Güter, die er im Segen schon Jaakov versprochen hat, nicht noch einmal an Esaw verteilen. Dadurch wird dem Gesegneten nicht nur allgemein eine Zukunft eröffnet, vielmehr lebt der so Gesegnete in der Gegenwart bereits im Wissen um diese Zukunft.

So wünschte Jizchak seinem Sohn eine gute Zeit und ein gutes Leben. Dann legte sich Jizchak zurück auf sein Bett, und Jaakov ging leise davon. Doch kaum war Jaakov draußen, da kam sein Bruder Esaw mit seinem Essen in der Hand zu seinem Vater. Er sagte zu ihm: »Auf Vater, setz dich hin, ich habe dir einen Braten gemacht, wie du ihn immer so sehr magst. Iss davon, dann kannst du mich anschließend segnen.« Aber sein Vater fragte: »Wer bist du denn?« Und Esaw antwortete: »Ich bin es, dein Sohn, dein Erstgeborener, Esaw.« Da erschrak Jizchak, denn er ahnte schon, was geschehen war und dass es Jaakov war, den er gesegnet hatte.

Als Esaw hörte, dass Jaakov schon da gewesen war, fing er laut zu schreien an. Er konnte es kaum glauben. Zu seinem Vater sagte er aber: »Bitte Vater, segne auch mich!« Aber Jizchak sagte nur: »Ich habe ihm schon gewünscht, dass er der Herr über seine Brüder werde und ihm alle Fruchtbarkeit des Landes gewünscht, was sollte ich dir jetzt noch wünschen?«

27,39–40

וַיַּעַן יִצְחָק אָבִיו וַיֹּאמֶר אֵלָיו
הִנֵּה מִשְׁמַנֵּי הָאָרֶץ יִהְיֶה מוֹשָׁבֶךָ וּמִטַּל הַשָּׁמַיִם מֵעָל:
וְעַל חַרְבְּךָ תִחְיֶה וְאֶת אָחִיךָ תַּעֲבֹד
וְהָיָה כַּאֲשֶׁר תָּרִיד וּפָרַקְתָּ עֻלּוֹ מֵעַל צַוָּארֶךָ:

Da begann Esaw zu weinen. Aber sein Vater sagte zu ihm, segnend: »Du wirst zwar auch wohnen, wo es Fett der Erde und Tau des Himmels gibt. Und du wirst dich auf dein Schwert verlassen, aber du wirst deinem Bruder dienen. Doch es wird die Zeit kommen, da du dich davon befreien kannst.«

Jaakov flieht

Das war für Esaw natürlich kein Trost. Er war auf Jaakov, sei- 27,41
nen Bruder, wegen des Vorfalls um den Segen sehr böse. Und er sagte sich: »Lass nur erst den Vater sterben, dann werde ich hergehen und meinen Bruder erschlagen.« Das kam Rivka zu Ohren. Und sie sagte zu ihrem geliebten Sohn: »Gehe zu meinem Bruder Lavan, der in Charan wohnt. Da kannst du bleiben, bis dein Bruder nicht mehr wütend ist.« Und zu Jizchak, ihrem Mann, sagte sie: »Mir ist es einfach nicht recht, dass Esaw Frauen aus der Nachbarschaft heiratet. Wenn nun auch noch Jaakov solche Frauen heiratet, bin ich ganz unglücklich.«

Deshalb rief Jizchak Jaakov zu sich und befahl ihm, dass er 28,1
zu der Familie seiner Mutter reisen solle, damit er sich dort nach einer Frau umsehen könne. Vor der Reise segnete er ihn nochmals. So schickte Jizchak seinen Sohn Jaakov fort in das Land, wo der Vater seiner Mutter lebte.

Als Esaw sah, dass Jizchak den Jaakov fortgeschickt hatte, damit der sich ja keine Frau aus der Umgebung nehmen konnte, da ging auch Esaw zu Jischmael und nahm sich Machalat, eine Tochter Jischmaels, zur zweiten Frau. Denn Esaw wollte seine Eltern nicht weiter verärgern, indem er wieder eine Frau aus der Umgebung nahm.

PARASCHAT WAJEZE – Und er zog fort

Diese Parascha wird lediglich im wöchentlichen Zyklus der Synagoge gelesen. Gen 28,10–32,3

Als Haftara wird der Abschnitt Hos 12,13–14,10 gelesen. Sowohl in der Parascha als auch in der Haftara wird Jaakov thematisiert.

Einleitung

In dieser Parascha wird die Geschichte unseres Stammvaters Jaakov weitererzählt. Jaakov reist nach Mesopotamien, in die Heimat seiner Mutter Rivka. Dort trifft er seinen Onkel Lavan, heiratet dessen beiden Töchter Leah und Rachel und bekommt im Laufe der Zeit elf Söhne von vier Frauen (vom zwölften erzählt die nächste Parascha). Er trennt sich wieder von Lavan und reist zurück nach Knaan, seiner Heimat. Damit hat Jaakov den Grundstein für das Volk Jisrael gelegt. Denn aus den zwölf Söhnen Jaakovs gehen später die zwölf Stämme Jisraels hervor, die zusammen das Volk Jisrael bilden.

Besonders interessant ist, wie die Geschichte von der Volkwerdung Jisraels erzählt wird. Es ist nämlich nicht einfach eine Abfolge von verschiedenen Ereignissen, sondern eine dramatische Geschichte. Jaakov wird immer wieder von seinem Onkel Lavan übervorteilt: Will Jaakov zunächst Rachel zur Frau haben und arbeitet dafür sieben Jahre für Lavan, so bekommt er am Ende nur die Schwester Leah zur Frau und muss für Rachel weitere sieben Jahre arbeiten. Die gesamte Jaakov-Erzählung ist also keine »Heiligenlegende«, sondern eine Geschichte aus dem Leben, wo es um Trug, Vorteilnahme und Lüge geht (wie auch in der vorangegangenen Parascha). Diesen Weg muss Jaakov gehen, auch wenn G'tt ihm seinen

Beistand zuspricht. G'tt ebnet Jaakov keineswegs den Weg, damit dieser bequem seine Bestimmung erfüllen kann.

Das zeigt also, dass Jisrael von Anfang an mitten im Leben der Völker stand, angewiesen auf andere, angefeindet von anderen und Verträge mit anderen schließend, um in einem Miteinander leben zu können. Dass Jisrael von G'tt »erwählt« worden ist, hat also nichts von dieser Lebenswirklichkeit genommen, zumindest erzählt uns die Torah von diesem ganz normalen Leben, in dem Jisrael allenfalls dadurch ausgezeichnet ist, dass es um die Bedeutung seines Tuns weiß: Jaakov ist der Beistand G'ttes zugesagt, und Jaakov ist G'tt verpflichtet.

Die Leiter vom Himmel

28,10 וַיֵּצֵא יַעֲקֹב מִבְּאֵר שָׁבַע וַיֵּלֶךְ חָרָנָה׃
וַיִּפְגַּע בַּמָּקוֹם וַיָּלֶן שָׁם כִּי בָא הַשֶּׁמֶשׁ וַיִּקַּח מֵאַבְנֵי הַמָּקוֹם
וַיָּשֶׂם מְרַאֲשֹׁתָיו וַיִּשְׁכַּב בַּמָּקוֹם הַהוּא׃
וַיַּחֲלֹם וְהִנֵּה סֻלָּם מֻצָּב אַרְצָה וְרֹאשׁוֹ מַגִּיעַ הַשָּׁמָיְמָה
וְהִנֵּה מַלְאֲכֵי אֱלֹהִים עֹלִים וְיֹרְדִים בּוֹ׃

Jaakov zog also von Beerscheva weg und ging auf Reisen in das Land, aus dem seine Mutter kam. Weil es schon dunkel geworden war, übernachtete er unterwegs und legte sich Steine zurecht, um seinen Kopf im Schlaf zu schützen. Als er eingeschlafen war, hatte er einen Traum:

Er sah eine sehr große Leiter, die bis in den Himmel hineinragte. Und auf der Leiter gingen Engel hinauf und hinunter. Und ganz oben stand der Ewige, der mit ihm redete: »Ich bin der Ewige, der G'tt deines Großvaters Avraham und der G'tt deines Vaters Jizchak. Das Land, auf dem du liegst, werde ich dir und deinen Kindern und Enkeln einmal geben. Denn sie sollen ganz viele werden, so viele, wie der Staub der Erde. Auch werde ich immer bei dir sein, egal wohin du gehst.«

Da wachte Jaakov aus seinem Traum auf und sagte: »Wie gewaltig ist dieser Ort! Tatsächlich, das hier ist G'ttes Haus, und hier ist das Tor zum Himmel.« Am andern Morgen stand Jaakov auf und nannte diesen Ort Bet-El: Haus G'ttes.

Jaakov bei Lavan

Dann machte sich Jaakov auf und wanderte in das Land, aus 29,1
dem seine Mutter kam. Als er nach langen Tagen der Reise endlich angekommen war, sah er einen Brunnen auf dem Feld, um den sich Schafherden gelagert hatten. Jaakov ging hin und fragte die Hirten: »Kennt ihr vielleicht Lavan, den Enkel von

Nachor?« Und sie antworteten ihm: »Ja, Lavan kennen wir. Und schau, dort! Dort kommt gerade seine Tochter Rachel mit ihren Schafen!«

Als Rachel beim Brunnen angekommen war, half Jaakov ihr, die Schafe zu tränken. Dann wurde er ganz gerührt und sagte ihr, dass er der Sohn von Rivka sei, die doch die Schwester von Rachels Vater war. Da wurde Jaakov in das Haus von Lavan eingeladen und konnte dort bleiben.

Jaakov heiratet

29,14 So blieb Jaakov eine ganze Weile bei seinem Onkel Lavan und half ihm bei den Schafen. Lavan hatte zwei Töchter: Die ältere hieß Leah, die jüngere Rachel. Leahs Augen waren schön und ihr Blick weich, Rachel aber war auch sonst sehr gut aussehend. Und es war Rachel, die Jaakov sehr gefiel. Deshalb ging er zu Lavan und sagte ihm: »Ich will bei dir sieben Jahre arbeiten, und dafür möchte ich Rachel, deine jüngere Tochter, heiraten.« Damit war Lavan einverstanden.

Und so arbeitete Jaakov sieben Jahre lang bei Lavan. Für Jaakov verging die Zeit wie im Flug, denn er liebte Rachel sehr und war bereit, alles für sie zu tun.

Am Ende der sieben Jahre ging Jaakov zu Lavan und wollte Rachel heiraten. Da bereitete Lavan ein großes Fest für die Hochzeit vor. Doch Lavan gab nicht Rachel zur Frau, sondern die ältere Schwester Leah. Da wurde Jaakov zornig, aber Lavan sagte ihm: »Es ist bei uns nicht üblich, dass die Jüngere zuerst heiratet. Deshalb wollen wir es so machen: Halte die Hochzeitswoche mit Leah ab, und dann gebe ich dir auch Rachel zur Frau. Du musst aber dann nochmals sieben Jahre für mich arbeiten.« Und so wurde auch Rachel Jaakovs Frau.

Leah bekam von Lavan die Dienerin Silpa, und Rachel die Dienerin Bilha.

* **Die Nebenfrauen:** Schon bei Avraham hatten wir gesehen, dass die Hauptfrau eine Dienerin mit ihrem Mann zusammenbringt, um durch sie ein Kind zu bekommen. Nun auch hier bei Leah und Rachel. Das ist in der Bibel keineswegs anstößig, da die familiäre Struktur eben polygam geordnet war. Während es aber bei Avraham noch wichtig war, dass der von G'tt versprochene Nachkomme von Avraham und Sarah abstammte, spielt es hier keine Rolle mehr, welche Frau die einzelnen Söhne zur Welt bringt. Sie alle sind gleichermaßen die Begründer des Volkes Jisrael. Lediglich in der Josefserzählung scheint durch, dass Josef und Benjamin die Lieblingssöhne von Jaakov waren, da sie von seiner geliebten Frau Rachel geboren wurden.

Jaakov heiratet Leah

Jaakovs Kinder

29,31 Als der Ewige sah, dass Jaakov Rachel mehr liebte als Leah, richtete er es so ein, dass Leah schwanger wurde, während Rachel keine Kinder bekommen konnte. Leah bekam also ihren ersten Sohn. Den nannte sie Reuven. Dann bekam Leah einen zweiten Sohn, und den nannte sie Schimon. Den dritten Sohn, den Leah bekam, nannte sie Lewi. Leahs vierter Sohn hieß Jehuda. Dann bekam Leah eine ganze Weile keine Kinder mehr.

Als Rachel sah, dass sie ihrem Jaakov keine Kinder schenken konnte, wurde sie sehr neidisch auf ihre Schwester. Aber sie machte Jaakov einen Vorschlag: »Wenn ich dir schon keine Kinder schenken kann, dann geh wenigstens zu meiner Dienerin Bilha, damit sie an meiner Stelle Kinder bekommen kann.« Und so machten sie es.

Und die Dienerin Bilha gebar dem Jaakov insgesamt zwei Söhne, nämlich Dan und Naftali.

Als Leah aber sah, dass sie nun keine Kinder mehr bekam, gab sie ihre Dienerin Silpa dem Jaakov, damit diese für sie Kinder bekommen konnte. Silpa bekam auch zwei Söhne, nämlich Gad und Ascher.

Reuven aber fand Alraunen, das sind Liebesfrüchte, auf dem Feld, und Rachel wollte davon haben. Dafür gab sie Jaakov eine Nacht für Leah.

G'tt hatte aber die Bitten Leahs gehört. Und so kam es, dass Leah wieder schwanger wurde und dem Jaakov mittlerweile schon den fünften Sohn gebar. Den nannte sie Jissachar. Und noch ein weiteres Mal wurde Leah schwanger und gebar dem Jaakov einen Sohn, den nannte sie Svulun. Zuletzt gebar Leah dem Jaakov noch eine Tochter, die sie Dina nannte.

Nun endlich dachte G'tt auch an Rachel und machte es, dass sie schwanger wurde und einen Sohn bekam. Ihren ersten Sohn nannte Rachel Josef.

* **Die Stämme:** Die bisherigen Erzählungen handeln von den Stammeltern, also von Einzelpersonen. Mit den Söhnen Jaakovs ändert sich das weitgehend, denn sie werden zu den Gründungsvätern der Stämme erklärt. Hier findet also ein Übergang statt von der Erzählung über Einzelpersonen zu einer Erzählung über ein Volk. Unter diesem Vorzeichen wird übrigens auch nur von Söhnen erzählt und nur einmal von einer Tochter, von Dina, die später in einer einzelnen Erzählung eine wichtige Rolle spielen wird.

Jaakov trennt sich von Lavan

Nachdem nun auch Rachel ein Kind geboren hatte, ging Jaakov 30,25
zu Lavan und sagte ihm: »Ich glaube, es ist Zeit, dass ich wieder in meine Heimat zurückkehre. Gib mir meine Frauen und meine Kinder und lass mich ziehen.« Daraufhin sagte Lavan zu Jaakov: »Das ist sehr schade, dass du gehen willst. Du hast mich sehr reich gemacht. Aber wie du willst. Sag, was du für deine Arbeit haben möchtest.«

Da antwortete Jaakov: »Du weißt, dass deine Viehherde nur durch mich mächtig angewachsen ist. Aber ich möchte nur die gepunkteten und die dunkelbraunen Schafe und Ziegen als Lohn mitnehmen.«

Jaakov ging also wieder zu den Herden zurück und weidete sie. Und weil Lavan vorher alle gepunkteten Schafe und Ziegen weggenommen hatte, musste Jaakov es so einrichten, dass die Schafe und Ziegen nun viele gepunktete Kleintiere bekamen. Und Jaakov konnte das auch.

Aber Jaakov bekam mit, wie Lavans Söhne sehr böse wurden, 31,1
weil sie glaubten, dass Jaakovs Reichtum eigentlich ihrem Vater zustand. Auch Lavan schien nicht mehr sehr freundlich zu sein.

Da sagte der Ewige zu Jaakov: »Es ist Zeit, dass du zurückkehrst in deine Heimat. Sei ohne Sorge, ich werde mit dir sein.« Da ließ Jaakov seine beiden Frauen Rachel und Leah und alle seine Kinder kommen. Und sie brachen auf und reisten in die Heimat von Jaakov. Rachel schlich noch einmal zurück und nahm eines der Holzgötterchen mit, die ihr Vater so sehr liebte.

Lavan verfolgt Jaakov

So flohen Jaakov und seine Familie mit allem, was sie besaßen. 31,21
Als Lavan ihre Flucht bemerkte, brach er sofort auf und verfolgte Jaakov, bis er ihn im Gebirge einholte.

Da sagte Lavan zu Jaakov: »Warum bist du heimlich geflohen und hast mich obendrein auch noch bestohlen? Ich hätte dich

* **Trennung von Jaakov und Lavan:** Hier muss das erste Mal ein Trennstrich zwischen Jisrael und einem anderen Volk, nämlich dem Lavans, gezogen werden. Bislang war nämlich Lavans Familie der Anlaufpunkt für die Stammväter, um sich mit Frauen zu liieren. Jetzt, wo Jisrael im Begriff ist, selbst ein Volk zu werden, ist das nicht mehr nötig. Es gibt keine »alte Heimat« mehr. Deshalb scheiden sich Jaakov und Lavan hier auf eine fast rituelle Weise. Ein ähnlicher Trennstrich wird später zwischen Jisrael und Mizrajim gezogen.

doch gehen lassen, mit Gesängen und Musik hätte ich dich begleitet! Aber so durfte ich nicht einmal meine Töchter und Enkel zum Abschied küssen. Und weshalb hast du mein geliebtes Götterchen gestohlen?«

Da antworte Jaakov: »Ich habe nichts gestohlen. Aber schau ruhig nach. Bei dem du dein Götterchen findest, der soll sterben.« Und so ging Lavan durchs Lager und suchte nach seinem Götterchen. Aber er fand nichts. Nicht einmal in Rachels Zelt fand er etwas. Denn Rachel hatte sich auf das Holzgötterchen daraufgesetzt und sagte ihrem Vater, dass sie nicht aufstehen könne, weil es ihr nicht gut gehe.

Da wurde Jaakov nun wieder auf Lavan wütend: »Was habe ich dir getan, dass du mir nacheilst, mein Lager auf den Kopf stellst und alles durchwühlst? Zwanzig Jahre habe ich dir gedient, ich habe dir nichts genommen, ich habe dir nichts getan!«

Da antwortete Lavan: »Die Töchter – es sind meine Töchter! Die Kinder – es sind meine Kinder! Die Herden – es sind meine Herden! Aber was kann ich machen. Lass uns ein Versprechen ablegen: Diese Steine hier sollen die Grenze zwischen uns sein. Du kommst nicht mehr zu mir herüber, und ich gehe nicht mehr zu dir hinüber.«

Jaakov stimmte zu und schwor bei G'tt. Er schlachtete ein Tier auf dem Berg und lud alle Verwandten zu einem großen Essen ein. Am anderen Morgen brach Lavan mit seinem Gefolge auf. Er küsste seine Töchter, segnete sie und kehrte in seine Heimat zurück. Und Jaakov setzte daraufhin seinen Weg Richtung Heimat fort.

PARASCHAT WAJISCHLACH –
Und er schickte

Diese Parascha wird lediglich im wöchentlichen Lesezyklus der Synagoge gelesen. Gen 32,4–36,43

Als Haftara wird der Abschnitt Ob 1–21 gelesen, ein ganzes Prophetenbuch, das sich intensiv mit Edom beschäftigt, das in der jüdischen Tradition mit Esaw in Verbindung gebracht wird.

Einleitung

In dieser Parascha kommt die Jaakov-Erzählung zu ihrem Höhepunkt: das Wiedersehen mit Esaw. Dieses Wiedersehen ist deshalb so bedeutsam, weil sich darin die ganze Angst Jaakovs vor Esaw widerspiegelt und die Vorgeschichte der Brüder wieder auflebt. Jaakov tut alles, um seinen Bruder zu besänftigen: Er schickt Geschenke voraus und betet zu G'tt, um auch von dort Hilfe zu erhalten. Dabei schlägt Jaakov gegenüber G'tt einen Ton an, der bei den Stammvätern recht neu ist: Um G'tt für sich und gegen seinen Bruder zu gewinnen, erinnert er G'tt an sein Versprechen, dass aus Jaakov einmal ganze Völker erstehen werden. Hatte Avraham vor der Zerstörung von Sdom und Amora noch demütig für die Gerechten Partei ergriffen, so verweist Jaakov G'tt an seine eigenen Verpflichtungen, ihm zu helfen.

Vielleicht ist auch deshalb hier die Geschichte eingeflochten, in der Jaakov mit einem Mann (meist als Engel interpretiert) kämpft. Hier heißt es ja: Jaakov habe mit Menschen und mit G'tt gekämpft und stets gesiegt (weshalb er nun Jisrael heißen soll). Jaakov hat ja mit Esaw und mit Lavan gekämpft, er hat für sich und seine Grundbestimmung, das Erbe der Stammväter fortzuführen, gekämpft, aber er hat eben auch mit G'tt gerechtet und dessen Hilfe und Segen erkämpft.

Wenn man nun berücksichtigt, dass Jaakov in Jisrael umbenannt wird und eben in dieser Parascha die Zwölfzahl der Söhne Jaakovs (und damit die zwölf Stämme Jisraels) vervollständigt wird, kann die Figur Jaakov durchaus als Grundmuster für das Volk Jisrael gelten. Denn das Judentum hat nicht nur in seiner Geschichte gegen andere Völker ankämpfen müssen und wurde oft genug niedergeschlagen, vertrieben und seiner politischen Existenz beraubt, sondern musste sich religiös immer wieder neu erfinden, um gerade dadurch seinem G'tt treu bleiben zu können.

Jaakov versucht Esaw zu besänftigen

32,4 וַיִּשְׁלַח יַעֲקֹב מַלְאָכִים לְפָנָיו אֶל עֵשָׂו אָחִיו
אַרְצָה שֵׂעִיר שְׂדֵה אֱדוֹם:
וַיְצַו אֹתָם לֵאמֹר כֹּה תֹאמְרוּן לַאדֹנִי לְעֵשָׂו
כֹּה אָמַר עַבְדְּךָ יַעֲקֹב עִם לָבָן גַּרְתִּי וָאֵחַר עַד עָתָּה:
וַיְהִי לִי שׁוֹר וַחֲמוֹר צֹאן וְעֶבֶד וְשִׁפְחָה
וָאֶשְׁלְחָה לְהַגִּיד לַאדֹנִי לִמְצֹא חֵן בְּעֵינֶיךָ:

Als Jaakov seiner Heimat näherkam, schickte er Boten zu seinem Bruder Esaw. Demütig ließ er ihm ausrichten, dass er so lange bei ihrem Onkel Lavan gelebt habe und dass er nun ganz viele Tiere mitbringen würde. Denn Jaakov hatte Angst vor Esaw und versuchte, ihn so milde zu stimmen, damit er nicht mehr wütend auf ihn sei.

Aber als er hörte, dass sein Bruder Esaw ihm mit vierhundert Leuten entgegenkommen würde, bekam er noch viel mehr Angst und ließ alles, was er hatte, in zwei große Zeltlager aufteilen. Denn er dachte sich: Wenn Esaw eines überfällt, dann bleibt mir wenigstens das andere Lager.

In seiner Angst betete Jaakov auch zu G'tt, denn er fürchtete sich sehr vor seinem Bruder. Zu G'tt sagte er: »Rette mich vor meinem Bruder. Du hast doch gesagt, dass ich zurückkehren soll. Jetzt steh mir bei und denk an dein Versprechen, mich zu einem großen Volk werden zu lassen.«

Am anderen Morgen schickte er mehrere Boten zu Esaw, die ihm verschiedene Geschenke bringen sollten: Ziegen und Schafe, Kühe, Stiere und Esel und eine ganze Menge Jungtiere. Ein Bote nach dem anderen sollte bei Esaw erscheinen und ihm sagen, dass die Geschenke von seinem Bruder Jaakov seien.

Jaakov kämpft

32,23 Dann überquerte er mit allem, was er hatte, den Fluss Jabbok
und brachte auch seine Frauen und Kinder hinüber. Er selbst
blieb aber über Nacht noch auf der anderen Seite des Flusses.
Wir wissen nicht, warum.

Da plötzlich verwickelte ihn ein Mann in einen Kampf, aber er konnte Jaakov nicht besiegen. Deshalb fasste er Jaakov so stark an der Hüfte, dass sie sich verrenkte und Jaakov fürchterliche Schmerzen hatte. Aber Jaakov ließ den Mann nicht los. Da sagte dieser: »Es ist schon Morgen und nun genug!« Aber Jaakov erwiderte: »Ich lasse dich erst los, wenn du mich gesegnet hast.« Da fragte der Mann: »Wie heißt du?« Und Jaakov antwortete: »Jaakov!« Da sagte der Mann: »Du sollst nun nicht mehr Jaakov heißen, sondern Jisrael! Denn du hast mit G'tt und mit Menschen gekämpft und hast immer gesiegt.« Da fragte Jaakov: »Und wie heißt du?« Und der Mann antwortete: »Was fragst du nach meinem Namen!« Und der Mann segnete Jaakov.

Da ging die Sonne gerade auf, und Jaakov hinkte wegen seiner Hüfte. Seitdem essen die Jisraeliten bis heute auch nicht den hinteren Teil des Tieres.

* **Kaschrut:** Die meisten Regelungen zur Kaschrut werden in späteren Büchern, vor allem im Buch Wajikra, abgehandelt. Doch das Verbot des Blutgenusses und das Verbot, den hinteren Teil eines Tieres zu essen, wird bereits im Buch Bereschit erwähnt. Diese Tradition hat dennoch in die Halacha der Kaschrut Eingang gefunden.

Jaakov und Esaw begegnen sich

33,1 Nun war es soweit: Esaw kam immer näher. Da verteilte Jaakov
die Kinder auf ihre Mütter und ließ sie nacheinander anstehen: Zuerst standen Silpa und Bilha mit ihren Kindern, dahinter kam Leah mit den ihren und ganz zum Schluss Rachel mit Josef. Er selbst ging Esaw entgegen und warf sich vor seinem Bruder siebenmal zu Boden. Da lief Esaw ihm entgegen, fiel ihm um den Hals und küsste ihn. Beide weinten.

Dann begrüßten die Frauen und ihre Kinder Esaw. Zunächst die Dienerinnen Silpa und Bilha mit ihren Kindern. Dann traten Leah und ihre Kinder hervor und schließlich auch Josef und Rachel und begrüßten Esaw.

Jaakov und Esaw treffen sich

*** Esaw:** Obwohl Esaw in diesem Text nicht ausgesprochen negativ gezeichnet wird, bleibt er in der jüdischen Tradition meist der negative Antipode zu Jaakov. Spätere Autoren haben auch Amalek, den Erzfeind Jisraels, auf Esaw zurückgeführt. In diesem Text verzichtet Esaw aber auf Rache und versöhnt sich mit seinem Bruder Jaakov, wie dies später auch Josef mit seinen Brüdern hält. Gleichwohl gehen beide Brüder einen eigenen Weg. Das ist nur konsequent, denn aus Jaakov ist längst der Grundstein für ein eigenständiges Volk geworden. Erst bei der Beerdigung des Vaters treten sie noch einmal gemeinsam auf.

Da sagte Esaw: »Seid mir alle herzlich willkommen. Aber sag mir, was wolltest du mit den Tieren, die du mir entgegengeschickt hast?« Und Jaakov antwortete: »Ich wollte dich milde stimmen, damit du nicht mehr böse auf mich bist.« Und Esaw sagte nur: »Ach, Bruder, ich habe doch genug. Behalte du, was dir gehört!«

Dann machten sie sich auf den Weg in die Heimat. Esaw ging voraus, denn Jaakov konnte wegen der Tiere und Kinder nicht so schnell wandern, und es war ihm auch ganz recht so.

Jaakov ließ sich in der Nähe der Stadt Schchem nieder und schlug dort seine Zelte auf. Er kaufte von den Einheimischen ein Stück Land, denn darauf wollte er G'tt einen Altar erbauen.

Dina wird Gewalt angetan

34,1 *Eines Tages ging Dina, die Tochter Leahs, hinaus, um sich in der Gegend etwas umzusehen und zu schauen, wie die Mädchen vom Ort hier so sind. Da aber kam Schchem, der Sohn des Chamor, vorbei. Ihm gefiel das Mädchen sehr, deshalb packte er es und tat ihm schreckliche Gewalt an. Dann beruhigte er Dina, damit sie sich nicht fürchten sollte, und brachte sie zu sich nach Hause.*

Zu seinem Vater Chamor aber sagte er nur, dass er das Mädchen heiraten wolle und dass sein Vater das mit dem Vater des Mädchens besprechen solle.

Jaakov und seine Söhne hatten aber längst mitbekommen, was Dina geschehen war. Und sie waren entsetzt über die Gewalt, die Schchem ihrer Schwester angetan hatte. Denn so etwas durfte nicht passieren. Kurze Zeit später kamen Chamor und Schchem zu Jaakov, um mit ihm über Dina zu reden. »Mein Sohn Schchem liebt deine Tochter Dina«, sagte Chamor. »Es wäre sehr schön, wenn du sie ihm zur Frau geben könntest. Wir werden euch auch reichlich belohnen. Überhaupt könnten wir es doch so machen, dass wir untereinander heiraten. Eure Kinder nehmen unsere und unsere eure. Schließlich wohnt ihr doch nun auch in dieser Gegend. Wir werden uns bestimmt prächtig verstehen!«

Als die Söhne Jaakovs das hörten, antworteten sie sehr schlau: »Das geht leider nicht, dass unsere Schwester einen Mann heiratet, der nicht beschnitten ist, das gilt bei uns als eine Schande! Aber wenn du unbedingt Dina zur Frau haben möchtest, könnt ihr euch ja alle beschneiden lassen.«

Das gefiel dem Chamor und dem Schchem gar nicht schlecht. Und so gingen sie nach Hause und machten sich sofort ans Werk. Sie überredeten alle Männer, dass sie sich beschneiden lassen sollten. Und die Männer von Schchem ließen sich überzeugen und wurden auf diese Weise beschnitten.

Am dritten Tag, als die Wundschmerzen am größten und die Männer daher am schwächsten waren, kamen zwei der Söhne Jaakovs, Schimon und Lewi, nach Schchem und überfielen mit ihren Schwertern die Stadt. Sie plünderten alles und töteten alle Männer. Dina, die noch im Haus Schchems verweilte, nahmen sie mit sich.

Als Jaakov davon erfuhr, war er sehr besorgt, denn er fürchtete, dass nun schlecht über ihn und seine Familie geredet und man ihn zur Rechenschaft ziehen würde. Aber seine Söhne erwiderten nur: »Soll man Dina denn derart in den Dreck ziehen dürfen?«

* **Dina:** Dieser Text zeigt auf, wie viel sich seit den Erzählungen zu Avraham und Jizchak geändert hat. Ging es dort noch darum, das Zusammenleben der verschiedenen Gruppierungen an einem Ort zu ermöglichen, so treten hier die Völker als Konkurrenten auf. Selbst Jaakov ist es noch wichtig, was die anderen Völker von ihnen denken. Doch Jisrael hat sich schon soweit als eigene große Gruppe formiert, dass es sich traut, den anderen die Stirn zu bieten und sich von ihnen abzusetzen.

Jaakov zieht weiter

Nach all diesen Ereignissen sagte G'tt zu Jaakov: »Bleib nicht 35,1
hier und zieh weiter nach Bet-El hinauf!« Da sagte Jaakov zu seinen Leuten, die bei ihm wohnten: »Auf, entfernt alle Götterfigürchen, die ihr noch bei euch habt. Denn wir wollen von hier aufbrechen und nach Bet-El weiterziehen. Dort möchte ich G'tt einen Altar bauen.«

Da gingen alle seine Leute, die Götterfigürchen zu holen, die sie bei sich hatten, und brachten sie Jaakov. Und Jaakov vergrub alle Figürchen.

Dann brachen sie auf. Aber G'tt richtete es so ein, dass die Völker um sie herum sie nicht verfolgten oder töteten. So kamen sie ungestört bis nach Bet-El. Dort baute Jaakov einen Altar und nannte den Ort »El Bet-El (G'tt des Hauses G'ttes)«. Denn hier war es, wo sich ihm G'tt gezeigt hatte, als er vor seinem Bruder Esaw geflohen war. Und nun geschah es wieder, und G'tt zeigte sich Jaakov erneut, segnete ihn und sprach: »Dein Name soll nicht mehr Jaakov sein, vielmehr sollst du Jisrael heißen.« Und weiter sagte er zu ihm: »Ich bin der allmächtige G'tt. Du sollst nun fruchtbar sein und dich vermehren, sodass von dir ein ganzes Volk, nein, eine ganze Schar von Völkern abstammen soll, und viele Könige werden nach dir geboren werden. Das Land, das ich schon Avraham und Jizchak versprochen habe, dieses Land will ich nun dir geben.« Da stieg G'tt vor ihm nach oben auf, an dem Ort, an dem er mit ihm geredet hatte. Und weil Jaakov davon so stark beeindruckt war, stellte er genau dort einen Denkstein auf, goss über diesen Stein besondere Getränke und Öl. Und Jaakov nannte diesen Ort, an dem G'tt mit ihm gesprochen hatte, Bet-El.

Rachel bekommt einen zweiten Sohn

35,16 Jaakov brach mit seiner Familie wieder auf und zog weiter. Unterwegs bekam Rachel noch einen Sohn. Aber die Geburt war sehr schwer, und Rachel hatte sehr starke Schmerzen. Als die Geburt endlich vorbei war, war Rachel schon ganz schwach, und mit ihrer letzten Kraft sagte sie noch: »Mein Sohn soll Ben-Oni (»Kummersohn«) heißen.« Aber Jaakov nannte seinen jüngsten Sohn nicht Ben-Oni, sondern Benjamin.

Dann starb Rachel. Sie starb auf dem Weg nach Bet-Lechem. Dort wurde sie auch begraben. Und Jaakov stellte an ihrem Grab einen Denkstein auf. Das Grab kann man bis auf den heutigen Tag sehen.

Jizchak stirbt

35,27 Nach langer Reise kam Jaakov endlich zu seinem Vater Jizchak zurück. Es war eine lange Zeit vergangen, seit sie sich zuletzt gesehen hatten. Aber schon bald nach Jaakovs Rückkehr verstarb Jizchak, im Alter von 180 Jahren. Und Jaakov und Esaw, die beiden Söhne Jizchaks, begruben ihren toten Vater.

PARASCHAT WAJESCHEV –
Und er wohnte

Diese Parascha wird lediglich im wöchentlichen Lesezyklus der Synagoge gelesen. **Gen 37,1–40,23**

Als Haftara wird der Abschnitt Am 2,6–3,8 gelesen, ein Text, der die Schuldsklaverei anprangert, und insofern indirekt mit der Parascha zusammenhängt, da auch Josef in die Sklaverei geschickt wird.

Einleitung

Von dieser Parascha an wird die Josefsgeschichte erzählt, Josef rückt nun ins Zentrum des Geschehens. Diese Geschichte ist für den gesamten Aufbau der Torah sehr wichtig, da es Josef ist, der die Stammväter wieder mit Mizrajim verbindet, und Mizrajim ist die Voraussetzung für die Befreiung und Gesetzgebung am Berg Sinai, die Voraussetzung also für die Identität des jüdischen Volkes. Damit gehen wir also mit großen Schritten auf die Volkwerdung Jisraels zu, die ja mit den Stämmen – den Söhnen Jaakovs – bereits »physisch« geschehen ist. Nun geht es um die »mentale« oder »geistige« Volkwerdung.

In diesem Text fallen vor allem die Träume auf. Nirgendwo wird soviel geträumt wie in dieser und der nächsten Parascha. Was bedeuten diese Träume? Natürlich sind es die Mittel, mit denen G'tt in die Geschichte selbst eingreifen kann. Aber es lässt sich noch ein weiterer Aspekt erkennen: Durch die Träume – und zwar als Spinnerei eines dummen Jungen, nicht als g'ttliche Kundgebungen – wird überhaupt erst das möglich, was sie selbst andeuten: Josef wird nach Mizrajim verkauft, und die Brüder werden sich in Mizrajim tief verbeugen müssen. Vonseiten der Brüder dargestellt: Nur weil die Brüder den g'ttlichen Wink in den Träumen nicht erkennen, reagieren sie überaus menschlich und machen aber dadurch genau das, was dem »g'ttlichen Plan« entspricht. Um die Geschichte also dorthin zu führen, wo sie hinführen sollte, mussten die Brüder so reagieren und damit unseren ethischen Vorstellungen zuwiderhandeln.

Josef und seine Träume

וַיֵּשֶׁב יַעֲקֹב בְּאֶרֶץ מְגוּרֵי אָבִיו בְּאֶרֶץ כְּנָעַן׃ 37,1
אֵלֶּה תֹּלְדוֹת יַעֲקֹב יוֹסֵף בֶּן שְׁבַע עֶשְׂרֵה שָׁנָה
הָיָה רֹעֶה אֶת אֶחָיו בַּצֹּאן
וְהוּא נַעַר אֶת בְּנֵי בִלְהָה וְאֶת בְּנֵי זִלְפָּה נְשֵׁי אָבִיו
וַיָּבֵא יוֹסֵף אֶת דִּבָּתָם רָעָה אֶל אֲבִיהֶם׃
וְיִשְׂרָאֵל אָהַב אֶת יוֹסֵף מִכָּל בָּנָיו כִּי בֶן זְקֻנִים הוּא לוֹ
וְעָשָׂה לוֹ כְּתֹנֶת פַּסִּים׃

Jaakov lebte also in dem Land, in dem schon sein Vater wohnte, im Land Knaan. Und das ist die Geschichte von den Kindern Jaakovs:

Jisrael – das ist Jaakov – liebte Josef über alles, mehr als seine anderen Söhne. Einmal ließ Jaakov für Josef einen wunderschönen bunten Rock anfertigen. Und die Brüder sahen, wie alle Liebe des Vaters nur Josef galt. Da wurden sie auf Josef eifersüchtig und begannen, ihn zu hassen.

Einmal passierte es, dass Josef einen Traum hatte. Und weil Josef nichts für sich behalten konnte, erzählte er ihn seinen Brüdern: »Hört mal, was ich für einen komischen Traum gehabt habe! Wir alle waren auf dem Feld und banden Getreidegarben zusammen. Aber meine Garbe stellte sich aufrecht hin, während eure Garben sich vor meiner niederwarfen. Ist das nicht lustig?« Aber seine Brüder verstanden keinen Spaß, sondern erwiderten nur verärgert: »Willst du etwa über uns herrschen?« Und sie hassten ihn daraufhin nur noch mehr.

Aber Josef hatte wieder einen Traum: »Ich habe von der Sonne geträumt, vom Mond und von elf Sternen«, erzählte er. »Und die Sonne, der Mond und die elf Sterne warfen sich vor mir nieder!« Diesmal wurde auch Jaakov ärgerlich und wies Josef zurecht: »Was ist das denn für ein Traum? Sollen wir uns etwa alle vor dir niederwerfen?« Seine Brüder waren wegen

* **Josef:** Das Motiv des Bruderhasses taucht schon bei Jaakov und Esaw auf. Im Unterschied dazu betrachtet die jüdische Tradition den Zwist zwischen Josef und seinen Brüdern allerdings differenzierter. Sie geht auch mit dem Verhalten Josefs kritisch ins Gericht und kreidet ihm Hochnäsigkeit und das Anschwärzen der Brüder beim Vater an.

der Träume sehr verärgert, aber sein Vater behielt es sich im Gedächtnis.

Josef wird verkauft

37,12 Einmal waren seine Brüder fortgegangen, um die Schafe des Vaters zu weiden. Da schickte Jisrael – das ist Jaakov – Josef den Brüdern hinterher, weil er sich Sorgen um seine Söhne machte. Da machte sich Josef auf und wanderte seinen Brüdern hinterher.

Als seine Brüder Josef von Weitem kommen sahen, da sagten sie zueinander: »Wir sollten es dem Träumer einmal ordentlich zeigen, damit er nicht mehr träumen kann!« Als Reuven das hörte, sagte er nur: »Tut ihm nichts an. Ihr könnt ihn ja in eine Grube werfen, da erschrickt er sich genug, aber tut ihm nichts an.«

Als nun Josef zu seinen Brüdern kam, da packten sie ihn, zogen ihm den wunderschönen bunten Rock aus und zerrten ihn in eine Grube. Dort ließen sie ihn liegen, soviel er auch schreien mochte, und setzten sich selbst zum Essen. Wenig später sahen sie Leute mit Kamelen kommen. Da sagte Jehuda zu den anderen: »Kommt, lasst uns Josef an diese Leute verkaufen!« Und so zogen sie Josef aus der Grube und verkauften ihren Bruder an die Jischmaeliter, und die verkauften ihn wiederum an Leute, die nach Mizrajim unterwegs waren.

Als Reuven zur Grube kam und sah, dass sie leer war, da zerriss er vor Trauer seine Kleider und schrie laut auf, denn er fühlte, dass er die Verantwortung für Josef hatte.

Aber die Brüder kümmerten sich nicht um Reuven. Vielmehr nahmen sie den Rock, tauchten ihn in das Blut einer geschlachteten Ziege und schickten den Rock zu Jaakov, ihrem Vater.

37,33 וַיַּכִּירָהּ וַיֹּאמֶר כְּתֹנֶת בְּנִי חַיָּה רָעָה אֲכָלָתְהוּ
טָרֹף טֹרַף יוֹסֵף׃

Die Brüder werfen Josef
in eine Grube

* **Trauer:** In der Torah werden immer wieder Trauerbräuche beschrieben. Viele dieser Bräuche lebten im Judentum fort: So werden den Trauernden bis heute die »Kleider zerrissen« – man schneidet als Zeichen der Trauer das Hemd ein.

Als Jaakov den Rock sah und wie er mit Blut überströmt war, da schrie er laut auf: »Oh weh! Ein wildes Tier hat meinen Josef zerrissen. Zerrissen ist Josef, zerrissen!«

Unterdessen kamen die Leute, die Josef gekauft hatten, nach Mizrajim. Dort verkauften sie Josef an einen Hofbeamten des Pharao namens Potifar.

Jehuda und Tamar

38,1 *Nach diesen Ereignissen trennte sich Jehuda von seinen Brüdern. Wenig später heiratete er die Kaufmannstochter Schua. Jehuda und Schua bekamen im Laufe der Zeit drei Söhne: Er, Onan und Schela.*

Die Kinder wuchsen heran, und als es Zeit war, dass seine Söhne heirateten, da suchte sich Jehuda für seinen Sohn Er Tamar zur Frau aus. Aber Er war nicht so, wie es sich der Ewige gewünscht hätte, er war ein schlechter Mann. Darum ließ ihn der Ewige nicht lange leben, und er starb, ehe er Kinder hatte.

Da ging Jehuda zu Onan, seinem zweiten Sohn, und sagte ihm: »Auf, geh zu der Frau deines Bruders, die nun Witwe geworden ist, und sorge an seiner Stelle dafür, dass er zu Kindern kommt.« Aber Onan wusste, dass die Kinder, die er mit Tamar haben würde, nicht seine Kinder sein würden, sondern die seines verstorbenen Bruders. Deshalb richtete es Onan listig ein, dass er sich zwar zu Tamar legte und die Nächte bei ihr verbrachte, dass Tamar aber nicht schwanger werden konnte. Aber das verärgerte nun wieder den Ewigen, der solches Tun gar nicht gern sah, weshalb er es machte, dass auch Onan nicht lange lebte und schon nach kurzer Zeit starb.

Da Tamar noch immer kinderlos war, sagte Jehuda zu ihr: »Bleib als Witwe bei deinem Vater. Wenn Schela, mein dritter Sohn, alt genug sein wird, erhältst du ihn zum Mann.«

Und so ging Tamar zu ihrem Vater zurück. Nach einiger Zeit starb Schua, Jehudas Frau. Und Jehuda nahm sich einige Zeit und trauerte um sie. Dann endlich ging er wieder zu seinen Schafen, die bei Timna weideten. Nun hörte Tamar zufällig davon, dass ihr Schwiegervater nach Timna ging, um die Schafe zu scheren. Sie war böse auf ihn, weil er ihr Schela noch immer nicht zum Mann

* **Schwagerehe:** Die Geschichte von Jehuda und Tamar setzt die Verpflichtung voraus, dass ein anderer für seinen verstorbenen Bruder Kinder zeugen muss, wenn dieser kinderlos verheiratet war. Diese Regelung findet sich in Dtn 25,5–10. Vor allem Onans Verhalten zeigt die Problematik dieser Regelung, denn Onan will keine Kinder zeugen, die ihm nicht zugerechnet werden. Zum anderen wird in Tamars Verhalten aufgezeigt, wie aus der Verpflichtung eines Mannes ein subjektives Recht für die Frau wird, da sie für ihren verstorbenen Mann unbedingt ein Kind gebären möchte, auch wenn sie von ihrem Schwiegervater Jehuda betrogen wird.

gegeben hatte, obwohl dieser längst herangewachsen war. Also legte sie schnell ihre Witwenkleider ab, bedeckte sich mit einem mächtigen Schleier, verhüllte sich damit ganz und gar und setzte sich irgendwo auf dem Weg nach Timna nieder.

Und wie Jehuda die Straße nach Timna lang ging, da sah er eine verhüllte Frau am Straßenrand sitzen und dachte, sie sei eine der Frauen, die sich den Männern gegen Geld zur Verfügung stellten.

Deshalb ging er zu ihr hin und sagte ihr: »Darf ich mich zu dir legen?« Sie antwortete: »Was gibst du mir dafür?« Er erwiderte: »Ich werde dir ein Ziegenböcklein schicken.« Sie aber sagte: »Dann gib mir deinen Ring, die Schnur und deinen Stab als Pfand, bis du mir es geschickt hast.«

Und Jehuda gab ihr, was sie wollte. Da legte er sich zu ihr, denn er wusste ja nicht, dass es Tamar, seine Schwiegertochter, war.

Nach diesen Ereignissen ging Tamar zurück nach Hause und legte wieder ihre Witwenkleider an. Sie war aber von Jehuda schwanger geworden.

Als nun Jehuda ein Ziegenböcklein zu der Frau vom Straßenrand schicken wollte, um sein Pfand wieder zurückzuerhalten, fand man die Frau nicht. Und auch die Leute der Umgebung wussten nichts von einer solchen Frau, die hier auf Männer wartet.

Nach einiger Zeit wurde Jehuda berichtet, dass Tamar mit einem fremden Mann geschlafen habe und nun schwanger sei. Da schrie Jehuda: »Bringt Tamar hinaus vor die Stadt, dort soll sie ihre gerechte Strafe erhalten!«

Da schickte Tamar zu Jehuda und ließ ihm sagen: »Wem das hier gehört, der ist der Vater des Kindes, das ich erwarte!« Und als Jehuda sah, dass es das Pfand war, das er bei der Frau am Straßenrand gelassen hatte, da sagte er: »Sie ist gerechter als ich. Ich habe ihr meinen Sohn Schela vorenthalten.«

Als Tamar nun gebar, da zeigte es sich, dass es Zwillinge waren. Und während der Geburt streckte eines der Zwillinge eine Hand heraus, die Hebamme band ein rotes Fädchen um den Arm und sagte: »Der ist der Erste.« Doch die Hand verschwand wieder und geboren wurde der andere Sohn zuerst. Diesen Sohn nannte sie Perez, den zweiten nannte sie Serach.

Josef bei Potifar

39,1 Der Ewige war stets mit Josef und ließ Josef alles gelingen, was
er tat. Und auch Potifar, sein Herr, sah, dass er alles konnte und sehr geschickt war. Deshalb nahm er Josef beiseite und sagte zu ihm: »Schau, du bist sehr geschickt. Deshalb kümmerst du dich um alles, was mir gehört. Dann habe ich keine Arbeit mehr, und du machst alles ja sehr gut. Du darfst auch den andern Dienern befehlen und ihnen sagen, was sie zu tun haben.« Und so kam es, dass der Ewige durch Josefs Arbeit das Haus des Potifar mit Reichtum beschenkte.

Nun war Josef längst kein Kind mehr und ein schöner junger Mann geworden. Das blieb auch der Frau des Potifar nicht verborgen. Deshalb versuchte sie immer wieder, Josef näherzukommen. Aber so sehr sie sich um Josef bemühte, Josef wollte mit der Frau des Potifar lieber nichts zu tun haben, denn er wollte seinen Herrn nicht betrügen.

Eines Tages war Josef allein zu Hause. Da kam die Frau des Potifar und packte Josef an seinem Gewand und wollte ihn an sich zerren. Aber Josef ließ sein Gewand fahren und sprang davon. Da schrie die Frau des Potifar laut auf: »Hilfe! Hilfe! Josef wollte mich packen und überfallen! Seht her! Sein Gewand habe ich noch in den Händen.«

Als Potifar davon hörte, ließ er Josef verhaften und in ein Gefängnis werfen.

Josef im Gefängnis

39,21 Aber der Ewige war auch weiterhin mit Josef und dachte an
ihn. Und auch im Gefängnis stellte er sich immer so geschickt an, dass die Aufseher der Gefangenen bald sagten: »He du! Jetzt passt du auf die Gefangenen auf und bringst ihnen das Essen, dann haben wir nicht so viel zu tun!«

40,1 Eines Tages kamen zwei neue Gefangene. Es waren Hof-
beamte des Pharao: Der eine war der Mundschenk, der für die besten Getränke zu sorgen hatte, der andere war der Bäcker.

Aus irgendeinem Grund hatte sich der Pharao über die beiden geärgert und sie kurzerhand ins Gefängnis werfen lassen. Und Josef wurde von den Aufsehern dafür ausgewählt, sich um diese beiden Gefangenen ganz besonders zu kümmern.

Eines Morgens kam Josef wieder einmal zu ihnen, um ihnen das Frühstück zu bringen, als beide ganz betrübt dasaßen. Als Josef sie fragte, was geschehen sei, da sagten sie, dass sie merkwürdige Träume gehabt hätten, aber niemand könne diese Träume deuten. Da ging Josef auf sie zu und sagte: »G'tt kann Träume deuten. Erzählt die Träume ruhig mir.«

Da erzählte der Mundschenk: »In meinem Traum stand ein Weinstock vor mir, der drei Reben hatte, und die Knospen begannen zu reifen, sodass die Reben voller Trauben waren. Und ich nahm die Trauben und drückte sie zu einem Saft in einen Becher aus. Den Becher gab ich dem Pharao.«

Josef deutete den Traum: »Eigentlich ist es ganz einfach: Die drei Reben sind drei Tage. Das soll heißen, dass du in drei Tagen aus dem Gefängnis kommst und wieder beim Pharao arbeiten darfst. Aber ich bitte dich: Wenn du zum Pharao kommst, dann leg ein gutes Wort für mich ein, damit auch ich aus dem Gefängnis kommen kann, denn ich sitze unschuldig hier.«

Als nun der Bäcker hörte, wie günstig Josef die Träume erklärte, erzählte er sofort: »In meinem Traum trug ich drei Körbe mit Brötchen auf dem Kopf. Aber dann kamen Vögel und fraßen die Brötchen auf.« Diesmal zögerte Josef, bevor er sagte, was der Traum zu bedeuten hatte. »Dein Traum soll sagen, dass du in drei Tagen am Galgen aufgehängt wirst, bis die Vögel an dir picken.«

Drei Tage später hatte der Pharao Geburtstag. Die Diener bereiteten ein großes Festessen vor, wie es bei dieser Gelegenheit üblich war. Und als gefeiert wurde, verkündete der Pharao, dass der Mundschenk wieder freikommen und der Bäcker an einem Galgen erhängt werden solle. Es geschah also genau so, wie Josef die Träume gedeutet hatte.

Aber der Mundschenk vergaß Josef und dachte nicht mehr daran, dem Pharao von ihm zu erzählen.

* **Träume:** Im Buch Bereschit wurde schon des Öfteren geträumt. Bisher waren dies aber zumeist G'tteserscheinungen, in denen den Träumenden von G'tt selbst etwas mitgeteilt wurde. Die Träume Josefs sind anders gelagert: Sie sind keine g'ttliche Mitteilung, sondern im Nachhinein als Symbol für eine Handlung zu verstehen. Noch mehr die Träume vom Mundschenk, vom Bäcker und vom Pharao: Sie sind ein unmittelbarer Vorausgriff auf die Zukunft und können deshalb nur von jemandem gedeutet werden, der g'ttlichen Beistand genießt. Nichtsdestotrotz werden in der Torah und später in der jüdischen Tradition Träume kritisch betrachtet, da sie immer auch das Einfallstor für falsche Propheten sein können.

PARASCHAT MIKEZ – Am Ende

Diese Parascha wird lediglich im wöchentlichen Lesezyklus der Synagoge gelesen. **Gen 41,1–44,17**

Als Haftara wird der Abschnitt 1 Kön 3,15–4,1 gelesen. Dadurch soll eine Parallele zwischen der salomonischen Weisheit, um die es in der Haftara geht, und der Umsichtigkeit Josefs gezogen werden.

Einleitung

In dieser Parascha wird das Motiv des Traumes weiter ausgeführt. Denn wiederum mithilfe eines Traumes kommt Josef aus dem Gefängnis frei und wird vor den Pharao geführt, um dessen Träume zu deuten. Waren Josefs Träume noch der Grund dafür, dass seine Brüder ihn nach Mizrajim verkauften (denn sie nahmen seine Träume ernst und fühlten sich Josef gegenüber unterlegen), sind nun die Träume des Pharao der Grund dafür, dass die Familie Josefs wieder zusammengebracht wird. Denn nur mithilfe der Traumdeutung wird Josef Herrscher über Mizrajim und so unmittelbarer Ansprechpartner für die Brüder, die wegen der Hungersnot nach Mizrajim kommen.

Aber weshalb gibt sich Josef nicht sofort zu erkennen? Josef spielt im Gegenteil ein grausames Spiel mit seinen Brüdern, indem er sie immer wieder in Angst und Schrecken versetzt. Zuerst gibt er ihnen ihr Geld wieder heimlich zurück, sodass sie vor der zweiten Reise nach Mizrajim Angst haben, als Diebe angeprangert zu werden. Das zweite Mal wird dem jüngsten Bruder, Benjamin, ein silberner Becher untergeschoben, wodurch es so aussieht, als habe ihn Benjamin gestohlen, ausgerechnet derjenige unter den Brüdern, für den sich Jehuda bei seinem Vater verbürgt hatte. Die Antwort auf die Frage, weshalb Josef das alles tut, wird in dieser Parascha bereits angedeutet, aber in der nächsten erst voll ausgeführt. Es geht um die Schuld, die Josefs Brüder auf sich geladen haben, als sie ihn nach Mizrajim verkauften. Josef erwartet nicht nur, dass sich seine Träume erfüllen (die Brüder verbeugen sich vor ihm), sondern dass sich seine Brüder ihrer Schuld bewusst werden und dies auch offen zugeben.

Josef kommt zum Pharao

41,1 וַיְהִי מִקֵּץ שְׁנָתַיִם יָמִים וּפַרְעֹה חֹלֵם וְהִנֵּה עֹמֵד עַל הַיְאֹר׃
וְהִנֵּה מִן הַיְאֹר עֹלֹת שֶׁבַע פָּרוֹת יְפוֹת מַרְאֶה וּבְרִיאֹת בָּשָׂר
וַתִּרְעֶינָה בָּאָחוּ׃
וְהִנֵּה שֶׁבַע פָּרוֹת אֲחֵרוֹת עֹלוֹת אַחֲרֵיהֶן מִן הַיְאֹר
רָעוֹת מַרְאֶה וְדַקּוֹת בָּשָׂר
וַתַּעֲמֹדְנָה אֵצֶל הַפָּרוֹת עַל שְׂפַת הַיְאֹר׃

Nun saß Josef schon zwei Jahre im Gefängnis. Da passierte es, dass der Pharao einen Traum hatte, der ihn ganz durcheinander brachte. Denn er träumte von sieben Kühen, die aus dem Nil herauskamen und am Ufer weideten. Es waren fette, schöne Kühe. Danach kamen sieben abgemagerte Kühe aus dem Nil, gingen zu den fetten hin und fraßen sie auf, aber sie blieben genauso mager wie vorher.

Dann hatte der Pharao einen zweiten Traum, und in dem sah er sieben dicke Ähren, die an einem Halm heranreiften, und danach trieben sieben ganz dünne und ausgemergelte Ähren aus und verschlangen die fetten Ähren, aber sie blieben dünn.

Da erwachte der Pharao aus seinen Träumen. Und weil er ganz beunruhigt war, ließ er kluge Männer kommen, die sagen sollten, was diese Träume zu bedeuten hatten. Aber wen immer der Pharao auch fragte, niemand konnte eine Antwort geben.

Zufällig stand der Mundschenk in der Nähe und bekam mit, dass niemand dem Pharao helfen konnte. Und da erinnerte er sich mit schlechtem Gewissen an Josef. Sofort ging er zum Pharao und berichtete ihm von Josef und davon, wie dieser seinen Traum vollkommen richtig gedeutet hatte. Als der Pharao die Geschichte gehört hatte, ließ er Josef zu sich bringen und sagte ihm, dass niemand in seinem ganzen Reich sagen könne, was seine Träume zu bedeuten hätten. Aber Josef sagte

* **Die Berater des Pharao:** Bereits hier sind die Leute des Pharao, also die Vertreter der ägyptischen Weisheit, nicht in der Lage, die Träume ihres Herrschers zu deuten. Dasselbe Motiv wird in der Exodusgeschichte wieder aufgegriffen, wo es die Zauberer des Pharao sind, die die Plagen Mosches und Aharons nicht nachmachen können.

nur: »Es ist nicht meine eigene Weisheit, mit der ich die Träume deute. G'tt wird es sein, der sagt, was für den Pharao gut ist.«

Da erzählte der Pharao seine Träume, und er erzählte jeden Traum ganz ausführlich. Und nachdem Josef sich die Träume angehört hatte, sagte er zum Pharao: »Die beiden Träume bedeuten eigentlich dasselbe. Und sie wollen dir sagen, dass zuerst sieben fette Jahre kommen werden. In denen wird Mizrajim genug zu essen haben. Dann aber werden sieben Hungerjahre kommen, und sie werden so schlimm sein, dass die Vorräte schon bald aufgezehrt sein werden. G'tt will dir damit sagen, was er mit Mizrajim vorhat. Deshalb wird es gut sein, wenn der Pharao einen klugen Mann wählt, der die Erträge der Felder in den fetten Jahren vernünftig einsammelt, sodass das Getreide auch in der Hungerszeit vorhält.«

Was Josef da sagte, beeindruckte den Pharao so stark, dass er Josef selbst dazu auswählte, die Vorräte des ganzen Landes zu verwalten. Und zum Zeichen, dass Josef ein wichtiger Mann geworden war, steckte der Pharao ihm seinen Ring an den Finger und sagte dazu ganz feierlich: »Mit diesem Ring mache ich dich zum Herrn über Mizrajim. Nur was den Thron angeht, will ich noch höherstehend sein als du!« Und er überließ ihm sogar seinen zweiten königlichen Wagen.

Und so wurde Josef über ganz Mizrajim gesetzt. Aber der Pharao nannte Josef von nun an Zafnat-Paneach und suchte für ihn ein schönes Mädchen aus priesterlichem Hause aus, das er heiraten sollte. Das Mädchen hieß Asnat. Zu dieser Zeit war Josef dreißig Jahre alt.

Josef ist Herrscher über Mizrajim

41,46 Josef reiste durch ganz Mizrajim und befahl den Bauern, was sie von ihren Ernten in großen Speichern einlagern sollten. Und so kam es, dass während der sieben Jahre, in denen die Ernten so reichlich waren, sehr viel als Vorrat in die Lagerstädte eingelagert wurde.

Josef deutet die Träume
des Pharao

*** Hungersnot:** Hungersnöte werden in der Bibel häufig erwähnt, besonders im Buch Bereschit. Immer wieder flüchten die Protagonisten vor einer Hungersnot nach Mizrajim, wie es Avraham getan hatte. Demgegenüber war es Jizchak verboten, wegen der Hungersnot nach Mizrajim auszuweichen. In der Josefserzählung ist die Hungersnot der Dreh- und Angelpunkt der Geschichte: Denn nur wegen ihr kommen die Brüder nach Mizrajim und können das, was Josef geträumt hatte, wahr machen: sich vor ihm verbeugen.

Während dieser Zeit bekam Asnat, die Frau Josefs, zwei Söhne. Den zuerst Geborenen nannte Josef Menasche, den danach Geborenen nannte er Efrajim.

Und so vergingen die sieben fruchtbaren Jahre, und bald begann die Hungersnot, von der der Pharao geträumt hatte. Da aber Josef sehr viel Getreide hatte einlagern lassen, hatten die Bewohner Mizrajims trotzdem noch genügend zu essen. Denn sie konnten zu Josef gehen und bei ihm Getreide kaufen.

Aber nicht nur die Einheimischen kamen zu Josef, um Getreide zu kaufen. Auch in anderen Ländern war eine große Hungersnot ausgebrochen, und es hatte sich schnell herumgesprochen, dass man bei Josef immer noch Getreide kaufen konnte.

Die Brüder kommen zu Josef

42,1 Auch in Knaan brach die Hungersnot aus, und die Leute dort hatten kaum mehr etwas zu essen. Aber Jaakov hatte davon gehört, dass in Mizrajim Vorräte genug vorhanden seien. So sagte er zu seinen Söhnen: »Reist nach Mizrajim und kauft für uns Getreide ein, damit wir hier nicht verhungern.«

So machten sich zehn Brüder Josefs auf die Reise nach Mizrajim. Jaakov hatte allerdings Benjamin, seinen jüngsten Sohn, nicht mit auf die Reise gegeben, damit ihm nichts zustoße.

Nach langer Reise kamen die Brüder in Mizrajim an und gingen dorthin, wo Josef das Getreide verkaufte. Und wie es sich gehörte, verneigten sie sich tief zur Erde vor ihm. Josef erkannte sofort, dass die Männer, die sich da vor ihm verneigten, seine Brüder waren, aber er ließ es sich nicht anmerken und tat so, als kenne er sie nicht. Seine Brüder aber erkannten ihn nicht. Wohl auch, weil er durch einen Dolmetscher mit ihnen sprach.

*** Die Verbeugung:** Hier nun kommt die Josefs-»Novelle« zu ihrem Ausgangspunkt zurück, von dem aus sie begonnen hat: Die Brüder verbeugen sich vor ihm, genauso, wie es Josef einst geträumt hatte – was ein Grund war, weshalb die Brüder wütend wurden und ihren Bruder nach Mizrajim verkauften.

Josef erkundigte sich bei ihnen, woher sie kamen und wer sie seien. Und nachdem die Brüder ihm berichtet hatten, dass der jüngste Bruder noch bei seinem Vater sei und ein weiterer

Bruder schon lange nicht mehr lebe, fauchte er sie nur an: »Ach was, ihr wollt gar kein Getreide kaufen. Ihr seid Spione und wollt euch hier nur umsehen und schauen, wo Mizrajim schwach ist!« Es half alles nichts. Die Brüder konnten noch so viel erklären, Josef tat so, als glaubte er ihnen nicht. Er ließ sie sogar für drei Tage einsperren. Erst dann lenkte Josef ein und sagte: »Also gut. Um zu prüfen, ob ihr auch die Wahrheit sprecht, soll einer hier im Gefängnis bleiben, und die andern holen den jüngsten Bruder, von dem ihr berichtet habt. Dann können wir ja sehen, ob ihr die Wahrheit gesprochen habt.«

Da bekamen die Brüder Angst und machten sich gegenseitig Vorwürfe, weil sie ja wussten, dass sie nicht die ganze Wahrheit gesagt hatten. Sie hatten große Angst, dass nun alles, was sie damals Josef angetan hatten, herauskommen würde und sie dafür bestraft werden würden. Josef hörte alles mit an und befahl, dass Schimon in Mizrajim bleiben und die anderen sich wieder nach Knaan aufmachen sollten. Heimlich hatte er veranlasst, dass die Brüder das Geld, das sie für das Getreide bezahlt hatten, wieder zurückbekamen. Aber die Brüder bemerkten dies erst, als sie unterwegs in einer Herberge übernachteten. Sie bekamen große Angst, da sie nicht wussten, was das zu bedeuten hatte.

Wieder in Knaan

Und so kamen sie endlich bei ihrem Vater Jaakov an und be- 42,29
richteten ihm alles, vor allem, weshalb sie nur noch zu neunt waren und weshalb Schimon in Mizrajim zurückbleiben musste. Darüber war Jaakov natürlich nicht sehr froh. Am schlimmsten aber war es, dass jetzt auch Benjamin nach Mizrajim gebracht werden sollte. Er schrie: »Ihr raubt mir alle meine Kinder: erst Josef, jetzt Schimon und zu guter Letzt auch noch Benjamin.« So sehr die Brüder auf ihren Vater auch einredeten, er wollte es nicht einsehen, dass sie Benjamin mitnehmen mussten. Er schrie nur: »Meinen Sohn bekommt ihr nicht!«

Aber immerhin hatten sie viele Getreidesäcke nach Hause gebracht, sodass die Familie wieder zu essen hatte. Auch machten sie sich Gedanken wegen des Geldes, das in ihren Säcken lag, und waren froh, nicht mehr nach Mizrajim zurückkehren zu müssen.

Die Brüder kehren nach Mizrajim zurück

43,1 Aber die Hungersnot nahm kein Ende, und die Vorräte, die die Brüder aus Mizrajim mitgebracht hatten, gingen bald zur Neige. Da wollte Jaakov seine Söhne ein zweites Mal nach Mizrajim schicken. Aber die Söhne antworteten ihm nur, dass sie dann Benjamin mitnehmen müssten, sonst dürften sie bei dem fremden Herrscher nicht mehr auftreten.

Da weinte Jaakov sehr um seinen jüngsten Sohn. Aber Jehuda beruhigte ihn und sagte: »Ich werde ganz besonders auf meinen kleinen Bruder aufpassen.« Und so machten sich die Brüder ein zweites Mal nach Mizrajim auf. Sie nahmen doppelt so viel Geld mit wie beim ersten Mal, auch viele Geschenke nahmen sie mit, darunter Honig und Mandeln, die man in Mizrajim nicht kannte. Denn so wollten sie das Geld, das sie bei der ersten Rückkehr aus Mizrajim in ihren Säcken vorgefunden hatten, wieder zurückerstatten. Am wichtigsten aber war, dass sie nun Benjamin nach Mizrajim mitnehmen konnten.

Josef und seine Brüder

43,16 Dort erschienen sie gleich nach der Ankunft vor Josef. Und als Josef sah, dass seine Brüder auch Benjamin mitgebracht hatten, ließ er sie alle in sein Haus bringen. Da bekamen die Brüder Angst, denn sie wussten nicht, was das bedeuten sollte, und sie dachten an das Geld, das sie in ihren Getreidesäcken gefunden hatten. Aber ein Diener Josefs beruhigte sie und führte ihnen Schimon herein. Während die Diener Wasser brachten, damit sich die Brüder frisch machen konnten, legten die Brüder ihre

Geschenke bereit, die sie bei sich hatten, um den fremden Herrscher sanft zu stimmen.

Dann kam endlich Josef zu ihnen. Sofort verbeugten sich die Brüder vor Josef und übergaben ihm die Geschenke. Als Josef aber Benjamin sah, wurde er ganz aufgeregt, denn er hatte ihn schon so viele Jahre nicht mehr gesehen. Und um zu verbergen, dass er weinen musste, rannte er aus dem Zimmer hinaus und kam erst wieder zurück, nachdem er sich beruhigt hatte.

Da ließ Josef endlich das Essen bringen. Aber er gab sich noch immer nicht zu erkennen. Vielmehr aßen sie so, wie es in Mizrajim üblich war, nämlich Josef als der Herrscher an einem eigenen Tisch, seine Begleiter an einem anderen Tisch und die Brüder an einem dritten. Aber Josef setzte sie nach der Reihenfolge ihrer Geburt, und Benjamin setzte er sogar in seine Nähe.

Der silberne Becher

Als das Essen beendet war, ließ Josef die Getreidesäcke füllen 44,1
und ordnete auch diesmal an, das Geld wieder in die Säcke zurückzulegen. Auch sollte ein silberner Becher in Benjamins Sack gelegt werden, denn Josef wollte die Brüder noch einmal und besonders hart erschrecken.

Am andern Morgen brachen die Brüder auf, um in ihre Heimat zu reisen. Aber kaum waren sie aus der Stadt, da schickte Josef einige seiner Leute hinterher, um den silbernen Becher, den er in Benjamins Sack gelegt hatte, suchen zu lassen. Und die Leute machten den Brüdern Vorwürfe, sie hätten gestohlen. Da die Brüder jedoch von nichts wussten, sagten sie nur: »Sucht euren Becher, wir haben nichts zu verbergen!« Und Josefs Leute gaben zurück, dass derjenige, bei dem sie den Becher finden würden, Sklave in Mizrajim werden solle.

Und sie öffneten alle ihre Getreidesäcke, und die Leute aus Mizrajim fanden bei Benjamin den silbernen Becher. Da zerrissen die Brüder ihre Kleider und mussten in die Stadt zu Josef zurückkehren. Dort warfen sie sich zu Boden und jammerten, dass nun ausgerechnet Benjamin zum Sklaven werden sollte. Und Jehuda machte den Vorschlag, dass sie alle zu Sklaven werden wollten, denn G'tt würde sie für eine schreckliche Tat bestrafen. Aber davon wollte Josef nichts wissen: »Ihr könnt nach Hause! Ich möchte nur den da als Sklaven.« Und Josef deutete auf Benjamin.

PARASCHAT WAJIGASCH –
Da trat er vor

Diese Parascha wird lediglich im wöchentlichen Lesezyklus der Synagoge gelesen.

Gen 44,18–47,27

Als Haftara wird der Abschnitt Ez 37,15–28 gelesen, in dem Josef im Kontext der großen Prophezeiung über die Restauration Jisraels und Jehudas thematisiert wird.

Einleitung

In dieser Parascha kommt die Josefsgeschichte inhaltlich zu ihrem Höhepunkt: Josefs Träume wurden Realität, weil sich die Brüder vor ihm verbeugt haben (vorige Parascha). Aber auch das schreckliche Spiel, das Josef mit seinen Brüdern gespielt hatte, wird nun beendet: Jehuda hat erkannt, was er seinem Vater damals, als sie Josef für tot erklären ließen, angetan hat. Josef gibt sich daraufhin zu erkennen, und die ganze Familie wird in Mizrajim zusammengeführt. Damit ist das Fundament für die weitere Geschichte des Volkes Jisrael in Mizrajim gelegt.

Wer hat nun Josef nach Mizrajim geführt? Die Erzählung legt Josef in den Mund, dass es nicht eigentlich die Brüder waren, sondern G'tt selbst. Andererseits zeigt die Josefsgeschichte überaus deutlich, dass es zu kurz gefasst ist, wenn man sagt, dass G'tt dies und jenes gemacht habe. Denn es bedarf der handelnden Personen, ohne die keine Geschichte stattfinden kann. Josefs Träume allein hätten nichts bewirkt; notwendig für den weiteren Verlauf der Geschichte waren die Brüder, die hasserfüllt auf die Träume reagierten und Josef nach Mizrajim verkauften.

Jehuda bittet für Benjamin

44,18 וַיִּגַּשׁ אֵלָיו יְהוּדָה
וַיֹּאמֶר בִּי אֲדֹנִי יְדַבֶּר נָא עַבְדְּךָ דָבָר בְּאָזְנֵי אֲדֹנִי
וְאַל יִחַר אַפְּךָ בְּעַבְדֶּךָ
כִּי כָמוֹךָ כְּפַרְעֹה:
אֲדֹנִי שָׁאַל אֶת עֲבָדָיו לֵאמֹר הֲיֵשׁ לָכֶם אָב אוֹ אָח:
וַנֹּאמֶר אֶל אֲדֹנִי יֶשׁ לָנוּ אָב זָקֵן וְיֶלֶד זְקֻנִים קָטָן
וְאָחִיו מֵת וַיִּוָּתֵר הוּא לְבַדּוֹ לְאִמּוֹ וְאָבִיו אֲהֵבוֹ:

Da trat Jehuda vor Josef und sagte: »Mein Herr! Ich bitte dich, dass du unseren Bruder Benjamin zu unserem Vater lässt. Ich will an seiner Stelle Sklave bei dir sein. Denn denk an unseren Vater. Er hat von seiner geliebten Frau Rachel nur noch den Benjamin. Und ich habe ihm versprochen, dass ich seinen geliebten Sohn wieder heil nach Hause bringen werde. Unser Vater würde es nicht überleben, wenn er nun auch noch den zweiten Sohn verlieren würde. Und wie könnte ich mich vor ihn stellen und ihm sagen: Dein Sohn ist in Mizrajim geblieben? Wie sollte ich selbst das Leid, das meinen Vater dann trifft, ertragen können?«

Josef gibt sich zu erkennen

45,1 Als Josef das hörte, konnte er sich nicht länger verstellen. Er brach in ein lautes Weinen aus, so laut, dass es sogar der Pharao noch hören konnte. Und zu seinen Brüdern sagte er: »Ich bin Josef! Hört ihr? Euer Bruder. Sagt mir schnell: Lebt mein Vater noch?« Aber seine Brüder standen um ihn herum und starrten ihn nur an, so überrascht waren sie von dieser Neuigkeit. Und Josef rief noch einmal: »Ich bin Josef, euer Bruder, den ihr nach Mizrajim verkauft habt. Erinnert ihr euch noch?

Josef gibt sich seinen Brüdern zu erkennen

Aber macht euch keine Gedanken, ich bin euch nicht mehr böse, auch wenn es nicht gerade nett von euch war. Denn eigentlich war es G'tt, der alles so eingerichtet hat. Denn die Hungersnot wird noch lange anhalten, und nur meine Vorräte sind gut gefüllt. Deshalb sage ich: Nicht ihr habt mich nach Mizrajim gebracht, sondern G'tt selbst.

Aber jetzt etwas anderes: Kehrt schnell um und holt unseren Vater. Denn ich möchte euch einen kleinen Landstrich weiter südlich überlassen, damit ihr euch dort niederlassen könnt.«

Nach dieser Rede fiel Josef seinem Bruder Benjamin um den Hals. Und beide weinten. Danach umarmte Josef auch alle anderen Brüder und alle weinten. Dann erzählten sie sich, was sie seit damals erlebt hatten.

Diese Neuigkeit hörte sogar der Pharao, der König Mizrajims. Und er freute sich darüber so sehr, dass auch er die Brüder aufforderte, sich in Mizrajim niederzulassen.

Jaakov reist nach Mizrajim

45,21 Und so gab Josef seinen Brüdern Wagen, Geschenke, Tiere und
Nahrung für die Reise nach Knaan mit. Und die Brüder reisten
von Mizrajim ab und kamen in ihrer Heimat Knaan bei ihrem
Vater Jaakov an. Da erzählten sie alles ihrem Vater, dass Josef
gar noch lebe und der Herrscher über Mizrajim sei. Der konnte
es erst gar nicht glauben, und nur allmählich erwachte der
Geist Jaakovs, seine Augen leuchteten, und Jisrael sagte: »Genug der Trauer! Mein Sohn Josef lebt. Und wir wollen uns aufmachen, damit ich ihn noch sehen kann, bevor ich sterbe.«
46,1 Und so brach Jisrael mit allem auf, was er hatte. Zunächst
kam er in Beerscheva vorbei, dort brachte er ein Geschenk für
den G'tt seines Vaters Jizchak.

46,2-4 וַיֹּאמֶר אֱלֹהִים לְיִשְׂרָאֵל בְּמַרְאֹת הַלַּיְלָה וַיֹּאמֶר יַעֲקֹב יַעֲקֹב
וַיֹּאמֶר הִנֵּנִי:
וַיֹּאמֶר אָנֹכִי הָאֵל אֱלֹהֵי אָבִיךָ
אַל תִּירָא מֵרְדָה מִצְרַיְמָה כִּי לְגוֹי גָּדוֹל אֲשִׂימְךָ שָׁם:

אָנֹכִי אֵרֵד עִמְּךָ מִצְרַיְמָה וְאָנֹכִי אַעַלְךָ גַם עָלֹה
וְיוֹסֵף יָשִׁית יָדוֹ עַל עֵינֶיךָ׃

Da redete G'tt zu Jisrael in einem nächtlichen Traum, und Jaakov sagte: »Hier bin ich. Und G'tt sagte zu ihm: »Ich bin G'tt, der G'tt deines Vaters. Hab keine Angst, nach Mizrajim zu reisen. Denn ich möchte dich zu einem großen Volk machen. Ich werde mit dir nach Mizrajim hinabziehen, ich werde dich aber auch wieder aus Mizrajim herausführen.«

So kam Jaakov nach Mizrajim. Die gesamte Familie Jaakovs reiste mit insgesamt siebzig Personen nach Mizrajim. Sie zogen sofort in das Land, das ihnen Josef gegeben hatte. Und Josef spannte seinen Wagen an und fuhr seinem Vater entgegen. Und als Jaakov seinen Sohn Josef erkannte, warf er sich ihm an den Hals und weinte lange Zeit. Dann sagte Jisrael zu Josef: »Nun, da ich dich noch einmal gesehen habe, will ich gern sterben.«

Und Josef richtete es sogar so ein, dass Jaakov eine Audienz beim Pharao bekam, und der wies ihnen nochmals ihr Land zu. Und Jaakov segnete den Pharao.

* **G'tt redet:** Es fällt auf, dass sich G'tt in der Josefsgeschichte stark zurückhält und nie mit Josef direkt spricht. Im deutlichen Kontrast dazu spricht hier G'tt doch noch einmal – aber mit Jaakov. G'tt redet in der Torah mit den Stammeltern (in der Regel mit den Stammvätern). Mit den Kindern von Jaakov dagegen redet er nicht, da sie bereits den Übergang zum Volk darstellen. Und G'tt redet in aller Regel nicht mit dem ganzen Volk, sondern nur mit einem Mittler, wie es Mosche war.

Josef sorgt für Mizrajim

Im ganzen Land Mizrajim gab es kein Brot, da die Trockenheit 47,13
sehr groß geworden war und es schon seit Monaten nicht mehr geregnet hatte. Es herrschte überall in Mizrajim und auch in Knaan eine große Hungersnot.

Und Josef verkaufte nach und nach das Getreide in den Silos und machte so den Pharao sehr reich. Aber bald hatten die Bewohner Mizrajims kein Geld mehr, um Getreide zu kaufen. Da gingen sie zu Josef und riefen ihm zu: »Wir haben kein Geld mehr. Sollen wir jetzt etwa sterben?« Da entgegnete Josef: »Nun, wenn ihr kein Geld habt, so bringt eure Herden und tauscht sie gegen Getreide.«

Und so machten sie es. Sie kamen mit ihren Herden vor Josef und tauschten die Tiere gegen Getreide. So sorgte Josef auch in diesem Jahr für alle Hungernden gegen den Preis der Tiere.

Aber die Hungersnot nahm kein Ende. Und so kamen die Menschen bald wieder zu Josef und sagten ihm: »Jetzt haben wir auch keine Tiere mehr. Der Pharao hat alles, und wir haben nichts mehr. Nur noch uns selbst und unsere Äcker. Nun kann der Pharao auch das noch haben.«

Da kaufte Josef für den Pharao alle Bewohner Mizrajims und ihr Ackerland dazu und gab im Austausch dafür Getreide aus. Und so kam es, dass das ganze Land dem Pharao gehörte. Nur die Ländereien der Priester gingen nicht an den Pharao über. Und so regierte Josef über Mizrajim und half, dass die Bewohner nicht verhungerten.

Jisrael aber wohnte in Mizrajim im Land Goschen. Sie ließen sich dort nieder, kauften sich Land und Häuser, und die Kinder Jisraels waren fruchtbar und bekamen viele Kinder.

PARASCHAT WAJECHI – Und es lebte

Diese Parascha wird im wöchentlichen Lesezyklus der Synagoge gelesen. Der Vers Gen 48,16 »Der G'tt, der mich erlöst hat …« wurde, mitsamt dem Schma und der Birkat Kohanim, dem Priestersegen, ins Abendgebet für Kinder eingefügt. Ebenso ist der Vers Gen 48,20 »G'tt lasse dich werden wie Efrajim und Menasche« der Einleitungssatz für den Segen der Söhne an Kabbalat Schabbat.

Gen 47,28–50,26

Als Haftara wird 1 Kön 2,1–12 gelesen, in dem, wie in der Parascha auch, letzte Worte gesprochen werden, diesmal von Dawid an Schlomo.

Einleitung

Dies ist die letzte Parascha im Buch Bereschit. Eigentlich ist die Geschichte von Josef schon in der letzten Parascha beendet worden, aber nun geht es noch darum, die Stammvätererzählungen insgesamt zu einem Abschluss zu bringen. Und so wird davon berichtet, wie Jaakov stirbt und wie er – im Land Knaan – beerdigt wird. Auch wird erzählt, wie Josef stirbt. Und bereits in diesen letzten Abschnitten wird der weitere Verlauf der Geschichte vorweggenommen. Denn Josef bittet seine Brüder, dass sie – beziehungsweise ihre Nachfahren – seinen Leichnam mitnehmen sollen, wenn G'tt sie eines Tages wieder aus Mizrajim herausführen und nach Knaan bringen wird. Damit ist in wenigen Worten der ganze weitere Bogen der Torah gezogen: vom Buch Schemot, über die Bücher Wajikra und Bamidbar und Devarim bis zum Buch Jehoschua, dem ersten Buch aus dem zweiten Teil der Bibel, den Propheten.

Eine Besonderheit weist diese Parascha noch auf: den Segen Efrajims und Menasches. Diese beiden Kinder nimmt Jaakov mit dem Segen sozusagen zu sich und reiht sie damit in die zwölf Brüder ein. Weshalb? In der Torah gibt es unterschiedliche Stammesaufzählungen. Eine wichtige ist die Lagerordnung der Jisraeliten um das Wüstenheiligtum während der Wanderung durch die Wüste. Es lagern auf jeder der vier Seiten des Heiligtums je drei Stämme – das sind die zwölf Stämme Jisraels. Allerdings wird hier der Stamm Lewi nicht als ein eigener gezählt, weil die Lewiten als Diener des Heiligtums (aus denen auch die Priester hervorgehen) direkt um das Heiligtum lagern (und später auch kein eigenes Gebiet in Jisrael haben werden). Einen eigenen Stamm Josef kennt diese Aufzählung nicht, sondern die beiden Stämme Efrajim und Menasche. Damit verbindet die Erzählung vom Segen der beiden Kinder Josefs die Geschichte von den zwölf Söhnen Jaakovs und die Überlieferung der späteren Stämme und ihre Zählung, die eigentlich (mit Lewi) dreizehn beträgt.

Menasche und Efrajim

וַיְחִי יַעֲקֹב בְּאֶרֶץ מִצְרַיִם שְׁבַע עֶשְׂרֵה שָׁנָה 47,28
וַיְהִי יְמֵי יַעֲקֹב שְׁנֵי חַיָּיו שֶׁבַע שָׁנִים וְאַרְבָּעִים וּמְאַת שָׁנָה׃
וַיִּקְרְבוּ יְמֵי יִשְׂרָאֵל לָמוּת וַיִּקְרָא לִבְנוֹ לְיוֹסֵף
וַיֹּאמֶר לוֹ אִם נָא מָצָאתִי חֵן בְּעֵינֶיךָ
שִׂים נָא יָדְךָ תַּחַת יְרֵכִי
וְעָשִׂיתָ עִמָּדִי חֶסֶד וֶאֱמֶת אַל נָא תִקְבְּרֵנִי בְּמִצְרָיִם׃

Jaakov lebte noch siebzehn Jahre im Land Mizrajim. Und er wurde alt und krank und spürte, dass er bald sterben würde. Da ließ er seinen Sohn Josef zu sich rufen.

Und als Josef bei ihm stand, sagte Jaakov: »Wenn ich, lieber Josef, dich um etwas bitten dürfte? Versprich mir, dass du mich nicht in Mizrajim begräbst, wenn ich gestorben sein werde. Ich möchte dort begraben werden, wo schon Avraham und mein Vater Jizchak begraben wurden.« Und das versprach Josef auch.

Nach einiger Zeit wurde Jaakov schwer krank. Sofort ging Josef mit seinen beiden Kindern Menasche und Efrajim zu ihm. Als er bei ihm am Bett stand, richtete sich Jaakov noch einmal auf und sagte zu Josef: »Wer hätte gedacht, dass ich dich in Mizrajim wiedersehen würde. Und jetzt stehst nicht nur du da, sondern sogar deine Kinder, meine Enkel! Kommt her, ich möchte euch noch meinen Segen geben, bevor ich sterbe. Denn G'tt, der Allmächtige, hat mir versprochen, mich zahlreich werden zu lassen. Deshalb möchte ich nun diese beiden Söhne, die dir in Mizrajim geboren worden sind, als meine eigenen Kinder betrachten. Alle Kinder, die du danach bekommen wirst, sollen deine Kinder bleiben.«

Da stellte Josef seine beiden Söhne vor Jaakov hin, damit er seine Hände zum Segen auf die Köpfe von Menasche und Efrajim legen konnte. Aber Jisrael segnete Efrajim mit seiner

* **Begräbnis:** Hier wird bereits zum Ausdruck gebracht, wie wichtig es der Torah ist, wo die Toten begraben sind. Selbst Josefs Gebeine sollen später, wenn das Volk Jisrael wieder nach Knaan zurückkehren wird, mitgenommen und in Knaan, dem späteren Jisrael, begraben werden. Aus demselben Grund hatte schon Avraham für seine Frau Sarah ein Stück Land gekauft.

* **Der Erstgeborene:** Das Motiv, dass der Ältere zurückgesetzt und der Jüngere bevorzugt wird, wird auch in dieser Episode von Menasche und Efrajim durchgespielt. Damit durchbricht die Torah sehr konsequent gesellschaftliche Traditionen und setzt dem Neues entgegen.

rechten Hand und Menasche mit seiner linken, obwohl Menasche der Ältere war und eigentlich die rechte Hand verdient hätte. Aber Jaakov ließ sich auch von Josef nicht davon abbringen, obwohl dieser ihm sagte, dass das so nicht recht sei.

Und Jaakov segnete auf diese Weise die beiden Kinder von Josef und sagte:

48,16 Abendgebet für Kinder

הַמַּלְאָךְ הַגֹּאֵל אֹתִי מִכָּל רָע יְבָרֵךְ אֶת הַנְּעָרִים
וְיִקָּרֵא בָהֶם שְׁמִי וְשֵׁם אֲבֹתַי אַבְרָהָם וְיִצְחָק
וְיִדְגּוּ לָרֹב בְּקֶרֶב הָאָרֶץ:

»Der G'tt meiner Väter Avraham und Jizchak, der G'tt, der auf mich immer aufgepasst hat, er soll diese Kinder segnen. Mit ihnen sollen mein Name und der Name meines Vaters Avraham und Jizchak weiterleben.«

48,20 Einleitung zum Segen über die Kinder am Schabbat-Abend

וַיְבָרְכֵם בַּיּוֹם הַהוּא לֵאמוֹר בְּךָ יְבָרֵךְ יִשְׂרָאֵל לֵאמֹר
יְשִׂמְךָ אֱלֹהִים כְּאֶפְרַיִם וְכִמְנַשֶּׁה
וַיָּשֶׂם אֶת אֶפְרַיִם לִפְנֵי מְנַשֶּׁה:

Dann sagte er noch: »So wird Jisrael seine Kinder segnen, indem es spricht: G'tt lasse dich wie Efrajim und Menasche werden.«

Jaakov stirbt

49,1 Als nun Jaakov merkte, dass er bald sterben würde, da rief er auch alle seine Kinder um sich und gab allen einen besonderen Segen:

»Du, Reuven, bist der Erste unter meinen Kindern, du müsstest der Größte von ihnen sein, du hast aber etwas Schreckliches getan, deshalb bist du der Größte nicht.

Ihr, Schimon und Lewi, seid euch gleich. Ihr habt Gewalt im Kopf, ihr habt in wüstem Zorn gemordet. Deshalb sollt ihr zerstreut werden unter Jisrael.

Auf Jehuda schauen aber alle. Er ist wie ein junger Löwe, seine Macht soll er nie verlieren.

Jaakov segnet die Söhne Josefs,
Efrajim und Menasche

Svulun wohnt an der Küste, dort, wo die Schiffe vor Anker gehen.

Jissachar ist wie ein starker Esel, und wo das Land so reizvoll ist, da leiht er den Lasten seine Schultern.

Dan ist der Richter des Volkes, er ist wie die Schlange auf dem Weg, die dem Pferd in die Ferse sticht.

Gad wird von vielen bedrängt, doch er drängt zurück.

Bei Ascher wachsen die Leckereien, er beliefert den königlichen Hof.

Naftali ist wie ein schlanker Baum, der hoch in den Himmel ragt.

Josef ist wie ein junger Baum an der Wasserquelle, aber man hasste ihn und alle lauerten auf ihn. Er aber blieb fest, weil er die Kraft des G'ttes Jisraels hatte, auf die er hoffen konnte. Er soll deshalb mit allen Segnungen gesegnet sein.

Benjamin ist wie ein räuberischer Wolf, der morgens seine Beute frisst.«

* **Segen:** Dass der sterbende Vater sein Kind bzw. seine Kinder noch einmal segnet und ihnen – meist in poetischer Form – ein paar Worte auf den weiteren Lebensweg mitgibt, kennen wir schon von Jizchak. Hier erhält jeder einzelne Sohn beziehungsweise Stamm seine besondere Charakterisierung, was Marc Chagall zu seinen Fensterbildern inspirierte.

Nach diesen Worten bat er seine Kinder:

»Meine Kinder, ich werde nun sterben. Versprecht mir, dass ihr mich in der Höhle in Machpela begrabt, also dort, wo mein Großvater Avraham ein Stück Land gekauft hat, um seine Frau Sarah zu beerdigen. Dort, in dieser Höhle, liegen auch Jizchak und Rivka, meine Eltern, begraben. Dort möchte auch ich liegen, wenn ich gestorben bin.«

50,1 Als Jaakov alle diese Worte gesagt und alles gerichtet hatte, zog er sich auf sein Bett zurück, und dort starb er.

Da warf sich Josef um den Hals seines Vaters und weinte eine lange Zeit. Dann ließ er Ärzte kommen, die Jaakov einbalsamieren sollten, so wie es in Mizrajim üblich war.

Jaakov wird in Knaan begraben

50,2 Nachdem die Brüder und auch die Bewohner Mizrajims um Jaakov getrauert hatten, ging Josef zum Pharao und sagte ihm: »Ich werde in meine alte Heimat ziehen, um meinen Vater zu begraben, und wenn ich das erledigt habe, werde ich nach Mizrajim zurückkehren.« Der Pharao hatte nichts dagegen und ließ Josef ziehen.

Und so zog Josef mit Jaakovs Familie und einem großen Geleit nach Knaan, um Jaakov zu beerdigen.

Als sie ankamen, klagten und trauerten sie noch einmal um Jaakov, sieben Tage lang. Und dann machten sie alles so, wie es ihnen Jaakov gesagt hatte: Sie begruben ihn in der Höhle Machpela, die Avraham vor langer Zeit einmal gekauft hatte und in der Avraham, Sarah, Jizchak und Rivka lagen.

* **Schiva-Sitzen:** Dass die Familie Jaakovs sieben Tage lang um Jaakov trauerte, ist der Ausgangspunkt für die jüdische Tradition des Schiva-Sitzens. Sieben Tage wird die Trauerfamilie von Gemeindemitgliedern und Angehörigen besucht, und es werden im Trauerhaus die täglichen Gebete abgehalten.

Zurück in Mizrajim

Als sie alle nun wieder in Mizrajim waren, hatten die Brüder 50,15
Angst, dass Josef erneut Hass gegen sie verspüren könnte. Schließlich hatten sie ihn doch nach Mizrajim verkauft! Und nun war kein Vater mehr da, der für Frieden sorgen konnte. Deshalb sagten sie einfach zu Josef: »Du sollst wissen, dass unser Vater gesagt hat, dass Josef seinen Brüdern verzeihen soll! Und nun wollen wir, dass du das auch tust.«

Aber als Josef das hörte, begann er zu weinen. Und auch seine Brüder kamen auf ihn zu und warfen sich vor ihm auf den Boden und sagten ihm: »Nein, wir wollen dir dienen.« Aber Josef entgegnete ihnen: »Lasst nur. Bin ich etwa an G'ttes Stelle? Natürlich habt ihr mir Böses getan, aber G'tt hat daraus nur Gutes gemacht. Was wollt ihr also mehr.«

Und so tröstete Josef seine Brüder.

Josef stirbt

Josef lebte weiterhin in Mizrajim und kam nie wieder nach 50,23
Knaan. Aber Josef wurde alt und schwach. Deshalb rief er eines Tages seine Brüder zu sich und sagte ihnen: »Ich werde bald sterben, das spüre ich. Wenn ich nicht mehr da sein werde, dann sollt ihr immer daran denken, dass euch G'tt aus diesem Land Mizrajim wieder zurückbringen wird nach Knaan. Er wird an euch denken und euch aus Mizrajim in das Land zurückbringen, das er vor langer Zeit Avraham, Jizchak und Jaakov versprochen hat.« Und als es soweit war, dass Josef

sterben musste, da wollte er von seinen Brüdern nur das Versprechen haben, dass sie seinen Leichnam nicht vergaßen, wenn G'tt sie aus Mizrajim herausführen wird. Dann sollten sie den Leichnam mitnehmen und ihn in Knaan begraben.

So starb Josef, 110 Jahre alt. Man balsamierte ihn ein und legte ihn in einen Sarg.

* **Josefs Tod:** Nach dem Text ist Josef vor seinen Brüdern gestorben, ist also am wenigsten alt geworden. Das begründen unsere Rabbinen damit, dass Josef arrogant war und sich als Jüngling aufgespielt hat. Der frühe Tod war demnach eine Strafe für solches Verhalten. Rein literarisch lässt es sich damit begründen, dass die Novelle ihr Ende gefunden hat und deshalb nur noch der Tod der Hauptfigur aussteht.

Anhang

Hebräische Orts- und Personennamen

Aharon Aaron, Bruder von Mosche und Mirjam
Amora Gomorrha, Stadt am Toten Meer
Ararat Berg in der Türkei; nach dem biblischen Bericht landete hier die Arche Noachs, nachdem die Flut zurückgegangen war
Ascher Ascher, Sohn Jaakovs und Silpas
Asnat Josefs Frau
Avimelech Abimelech, König von Gerar
Avram/Avraham Abram/Abraham, erster Stammvater

Beerscheva auch Beerscheba oder Beerschewa, Stadt im Süden Israels
Ben Ammi Sohn Lots, Vater der Ammoniter
Benjamin ursprünglich Ben-Oni (»Kummersohn«), Sohn Jaakovs und Rachels
Bet-Lechem Bethlehem, Stadt im Süden Israels
Betuel Vater Rivkas
Bilha Nebenfrau von Jaakov und Mutter von Dan und Naftali

Cham Ham, Sohn Noachs
Chamor Hamor, Vater Schchems
Charan Haran, Stadt in Mesopotamien
Chawa Eva, Frau Adams
Chidekel Tigris, Fluss in Mesopotamien; einer der vier Flüsse, die aus dem Gan Eden fließen

Dan Sohn Jaakovs und Bilhas
Dawid David, König Judas

Efrajim Efraim, Sohn Josefs
Efron ein Hethiter, mit dem Avraham um das Grab Sarahs verhandelte
Elieser Diener Avrahams
Elischa Prophet im Nordreich Jisrael
Er Sohn Jehudas
Esaw Esau, Sohn Jizchaks und Rivkas

Gad Sohn Jaakovs und Silpas
Gan Eden Garten Eden, oft auch als Paradies verstanden
Gichon einer der vier Flüsse, die aus dem Gan Eden fließen
Goschen Gosen, Landstrich in Ägypten

Hagar Dienerin Sarahs
Hevel Abel, Sohn Adams und Chawas

Jaakov Jakob, Sohn Jizchaks und Rivkas
Jabbok Fluss in Jordanien
Jarden Jordan, Fluss zwischen Israel und Jordanien
Jefet Jafet, Sohn Noachs
Jehoschua Josua, Nachfolger Mosches
Jehuda Juda, Sohn Jaakovs und Leahs
Jehudit Judit, Frau Esaws
Jischmael Ismael, Sohn Avrahams und Hagars
Jissachar Issachar, Sohn Jaakovs und Leahs
Jizchak Isaak, Sohn Avrahams und Sarahs

Josef Sohn Jaakovs und Rachels

Kain Sohn Adams und Chawas

Knaan Kanaan, Landstrich im Vorderen Orient, weitgehend mit dem Land Israel identifiziert

Kruvim Kerubim, geflügelte Wesen

Ktura Ketura, eine weitere Frau Avrahams

Lavan Laban, Bruder Rivkas und Vater Leahs und Rachels

Lewi Levi, Sohn Jaakovs und Leahs

Lot Lot, Neffe Avrahams

Machalat Mahalat, Tochter Jischmaels, Frau Esaws

Machpela ein Feld mit einer Höhle, die Avraham nach dem biblischen Bericht von Efron gekauft hat, um seine Frau Sarah darin begraben zu können

Menasche Manasse, Sohn Josefs

Mesopotamien Zweistromland im Vorderen Orient

Milka Frau Nachors, des Bruders Avrahams

Mizrajim Ägypten

Moav Moab, Sohn Lots, Vater der Moabiter

Morija Berg, auf dem Avraham seinen Sohn Jizchak opfern soll; nach rabbinischer Tradition ist dieser Berg mit dem Tempelberg in Jeruschalajim (Jerusalem) identisch

Mosche Moses, Bruder von Aharon und Mirjam

Nachor Nahor, Bruder Avrahams

Naftali Sohn Jaakovs und Bilhas

Noach Noah

Onan Sohn Jehudas

Pelischtim Philister, ein Nachbarvolk der Stammeltern, das an der Küste des Mittelmeeres siedelte

Perez Sohn Jehudas und Tamars

Pischon einer der vier Flüsse, die aus dem Gan Eden fließen

Potifar ein ägyptischer Hofbeamter

Prat Euphrat, einer der vier Flüsse, die aus dem Gan Eden fließen

Rachel Rahel, Tochter Lavans, Frau Jaakovs und Mutter Josefs und Benjamins

Raschi 1040–1105, mittelalterlicher Talmud- und Bibelgelehrter

Reuven (Re-uven) Ruben, Sohn Jaakovs und Leahs

Rivka Rebekka, Schwester Lavans, Frau Jizchaks und Mutter von Esaw und Jaakov

Sarai früherer Name Sarahs

Schchem Sichem, Stadt in Israel, auch Sohn des Chamor

Schela Sohn Jehudas

Schem Sem, Sohn des Noach

Schimon (Schim-on) Simon, Sohn Jaakovs und Leahs

Schlomo Salomo, erster König Großisraels

Schua Sohn Jehudas

Sdom Sodom, Stadt am Toten Meer

Serach Sohn Jehudas und Tamars

Silpa Dienerin Leahs und Nebenfrau Jaakovs, Mutter von Gad und Ascher

Svulun Sebulon, Sohn Jaakovs und Leahs

Tamar Schwiegertochter Jehudas und Mutter von dessen Kindern Perez und Serach

Terach Vater Avrahams und Nachors

Timna Gegend in der Negevwüste in Israel

Glossar

Akeda die Bindung Jizchaks, fälschlich auch als Opferung Isaaks bezeichnet

Bamidbar Viertes Buch der Torah, auch Numeri genannt

Bereschit Erstes Buch der Torah, auch Genesis genannt

Birkat Kohanim Priestersegen, traditionelle Bezeichnung für einen liturgischen Text, der im Wesentlichen aus Num 6,24–26 besteht und Eingang sowohl in das tägliche Gebet als auch in das Abendgebet für Kinder gefunden hat

Brit Bund, die besondere Beziehung, die G'tt mit einzelnen Menschen (Noach, Avraham) oder mit einem ganzen Volk (Volk Jisrael) eingeht

Devarim Fünftes Buch der Torah, auch Deuteronomium genannt

Halacha Hebr. »Wandel«, das jüdische Gesetz, das sich auf die Torah und die rabbinische Tradition gründet

Haftara Hebr. »Abschluss«, die Lesung eines Textes aus dem zweiten Bibelteil (die Propheten), die an Schabbat und Festtagen die Ordnung der öffentlichen Torah-Lesung abschließt

Kabbalat Schabbat Hebr. »Der Empfang des Schabbat«, ist die liturgische Eröffnung des Schabbat am Freitagabend, der in der Familie fortgeführt und mit dem Kiddusch zu einem Festmahl übergeleitet wird

Kaschrut Speisevorschriften, nach denen bestimmte Tiere zum Verzehr geeignet sind; die ausführlichen Kaschrut-Regeln finden sich im dritten Buch der Torah (Wajikra bzw. Leviticus)

Kiddusch Hebr. »Heiligung«, der Schabbat und die Feiertage werden mit einem Segensspruch über Wein in einer besonderen Weise geheiligt

Midrasch/Midraschim erzählende Auslegung des Bibeltextes

Mizwa Hebr. »Gebot«, traditionell werden 613 Ge- und Verbote gezählt, die auf die Torah zurückgehen

Parascha Hebr. »Abschnitt«, der Abschnitt aus der Torah, der in einer bestimmten Woche in der Synagoge öffentlich vorgetragen wird

Rabbinen im Allgemeinen eine Bezeichnung für jüdische Gelehrte des Altertums, die für die Grundlegung des Judentums verantwortlich zeichnen

Rosch ha-Schana Neujahrsfest, das zwei Tage dauert; fällt in den Herbst

Schabbat der siebte Tag in der Woche, der Ruhetag

Schacharit tägliches Morgengebet

Schma Jisrael Hebr. »Höre Jisrael«, ein Text aus Dtn 6,4–9, der in das tägliche Gebet Eingang gefunden hat

Schofar hohles Widderhorn, das zu Rosch ha-Schana und Jom Kippur (Versöhnungstag) geblasen wird

Simchat Torah Hebr. »Freude der Torah«; Fest im Herbst, das zum Abschluss des Sukkotfestes (Laubhüttenfest) gefeiert wird; hier wird der Lesezyklus der Torah abgeschlossen und von vorn begonnen

Tevah Arche

Der hier vorliegende Band *Bereschit – Am Anfang (Genesis)* ist der Auftakt des im Berliner Ariella Verlag erschienenen Gesamtwerks *Erzähl es deinen Kindern. Die Torah in fünf Bänden.* Vier weitere Bände vervollständigen die fünf Bücher Mose:

Band 2: *Schemot* – Namen (Exodus)
Band 3: *Wajikra* –Und er rief (Levitikus)
Band 4: *Bamidbar* – In der Wüste (Numeri)
Band 5: *Devarim* – Worte (Deuteronomium)

Die fünf Bände der Torah für Kinder können im Ariella Verlag auch als Sammeledition im Geschenkschuber bestellt werden.

www.ariella-verlag.de

4. Auflage 2021

Illustrationen: Darius Gilmont, Ra'anana, Israel
Lektorat: Petra Müller, Berlin
Rabbinische Beratung:
Landesrabbiner em. Dr. h. c. Henry G. Brandt
Gestaltung: Lisa Neuhalfen, Berlin
Druck und Bindung: Alfred Nordmann, Israel
ISBN: 978-3-9813825-9-4